档案里的村社共富密码

宁波市鄞州区档案馆
宁波市鄞州区高质量发展建设共同富裕首善之区领导小组办公室
中共宁波市鄞州区委党史研究室
编著

西泠印社出版社

《档案里的村社共富密码》编委会

前 言

书写绿色传奇的湾底村，文旅“出圈”的走马塘村，艺术赋能的城杨村，首创社区企业的仇毕社区……这些充满烟火气，又洋溢着诗情画意的村社故事，皆是鄞州奔赴在共同富裕道路上的生动图景。

这本由鄞州区档案馆和鄞州区共富办、鄞州区委党史研究室组织撰写的《档案里的村社共富密码》，以档案的视角，立足鄞州当下，揭示鄞州共富路上的成果与特征，同时，不忘对于这片热土上红色历史、红色基因、红色精神的传承，继往开来，砥砺前行。

回溯 2003 年，时任浙江省委书记的习近平同志在考察鄞州区下应街道湾底村时，就提出“走出一条以城带乡、以工促农、城乡一体化发展的新路子”的殷切嘱托。从此，鄞州区更加积极地探索共同富裕的发展道路。

2023 年是一个重要的年份，是浙江实施“八八战略”20 周年，鄞州上下学习新思想，奋进新征程，在循迹溯源中感悟真理伟力。

从《档案里的村社共富密码》中可以看到鄞州在“八八战略”指引下，共富路上奋力交出当先锋、作示范的高质量发展优异答卷：生产总值稳居全市第一、全省第二，连续六年位居全国综合实力百强区第四，连续五年上榜“中国最具幸福感城区”。多个村（社）获得全国先进基层党组织、全国文明社区、全国民主法治示范社区等国家级荣誉。

近年来，鄞州在共同富裕、社会民生领域进行了系列有益探索，特色性、典型性成果持续涌现：聚力攻坚三大差距，铺就均衡底色，培育乡村发展动能，持续优化收入分配，优化财政支出结构；走好就业增收新路，谱写振兴篇章，稳定经济发展大局，扩大市场就业容量，兜牢社会保障底线；提升公共服务效能，促进幸福可感，“一老一小”强化保障，医教文体提质提能；凝聚基层治理力量，打造法治标杆，夯实立体化网格底座，发展新时代枫桥经验，创新深层次依法治理。

村社的发展和富裕，是鄞州发展和富裕的样本，折射着基层治理的创新成果。在鄞州的发展繁荣背后，离不开优秀传统文化的支撑，离不开红色基因的传承赓续，更离不开全体人民的开拓奋进。

《档案里的村社共富密码》通过五个单元，书写了鄞州共富路上的好风景与优秀的特质禀赋。湾底、东雅等一批经济强村走出一条硬核实力的创新路；走马塘、童夏家等一批历史古村体现着人文积淀的软实力；沙村、芦浦等一批红色名村谱写了革命精神与乡村振兴交融的共富乐章；上李家、陆家堰等一批文明新村通过厚植义乡沃土，以文化人，实现基层治理的首善；划船社区、和丰社区等一批现代社区打造了邻里和谐、共建共享的幸福家园样板。

以党建为引领，以人民为中心，画出多姿多彩的共富生活。以档案为源头活水，以全体鄞州人的奋斗与梦想为桨，《档案里的村社共富密码》，如流动的时间之河，折射着我们生活的当下。

从档案里走进鄞州村社的共富新场景，奔跑的速度，也是梦想实现的速度；记录的深度，也是精神抵达的深度。

相信在奔赴共富梦想的新征程上，鄞州将持续推动“八八战略”走深走实，更加突出创新深化、改革攻坚、开放提升，更加突出稳定持续、群众有感、安全韧性，全力开展“七创争先”和“八大攻坚”，为服务全国和省市大局做出鄞州更大的贡献。

目录

·经济强村·

■ “八八战略”就像一把金钥匙，打开了高质量发展的通道，引领鄞州坚持以城带乡、以工促农、城乡一体化发展，实施村级集体经济提质增效、农民创业就业促进等行动，通过推进“腾笼换鸟”、建立共富工坊、采用“公司＋村民”等途径，全链条促进强村富民和农民农村共同富裕，在探索共同富裕的路上起到先行示范作用。

湾底村

秉持人民第一　书写绿色传奇

从 2003 年 9 月起，按浙江省委要求，湾底村把村庄整治与发展经济结合起来，与治理保护农村生态环境结合起来，走出了一条以城带乡、以工促农、城乡一体化发展的新路子。湾底人大胆探索农旅一体化的发展之路，如今的湾底村景色优美，被誉为“都市里的村庄、城市中的花园”。

党建广场（局部）

历史上湾底是个平原村，村落分布较为分散，河网交叉，河流弯来弯去弯不到底，村庄因此得名。湾底包括 8 个自然村：前湾底、后湾底、里许家、外许家、西江、大路桥、小张家和陆家，村域面积 1.05 平方千米，全村在册户数 410 户，户籍人口 1080 人，湾底村股份经济合作社股东

旧村改造前的湾底村

湾底村全貌

嘱托石

1183 人。湾底村坚持以城带乡建设美丽家园，村绿化覆盖率达 82.5%，成功打造国家 AAAA 级旅游景区，成为国家级生态村、全国最美休闲乡村；坚持提升乡村文明，联动发展乡村旅游、教育文化产业，获得全国先进基层党组织、全国文明村、全国民主法治示范村等荣誉。曾经遭人嫌弃的“烂眼村”如今变为人人羡慕的“明星村”，被称为“中国乡村旅游的传奇”。

火车跑得快，全靠车头带。湾底的发展史就是一部党组织引领集体发展的奋斗史。湾底村在改革开放大潮中奇迹般崛起，离不开老书记吴祖楣。吴祖楣 1982 年 11 月当选村党支部书记，一干就是 40 多年，2009 年，他获首届浙江农村建设带头人“金牛奖”。在吴祖楣的带领下，20 世纪 80 年代，湾底村开始创办村集体企业，书写风起潮涌的创业史。

1993 年，湾底村党支部提出“创业万岁”口号，千方百计办好企业，发展集体经济。村里有好几块石碑刻着“创业万岁、人民第一”，这八个字充分表达了湾底人的不懈追求和努力实践，奠定了村级经济坚实的基础。党员干部凭着“气力吃亏得起、闲话吃亏得起、钞票吃亏得起”的“三个吃亏”精神，带领村民们一步步脱贫致富。在湾底村，党员干部没有任何特殊待遇，有的只是“紧箍咒”。20 世纪 90 年代初，村党组织就对党员约法三章，要求“遵纪守法、勤学苦干、先公后私”。21 世纪以来，按照“千锤百炼出先锋、跨越发展强引领”的理念来严纪律、管队伍，让党员个个过硬。尽管党员压力大，但是村里的优秀青年还是一个接一个地提交入党申请书，村里老党员表示：“这是榜样的力量，氛围的感召，大家都觉得光荣。”

2016 年 5 月，湾底村党委成立，吴祖楣任党委书记。6 月底，村党委获“全国先进基层党组织”称号。此后，中共宁波市委、鄞州区委相继作出向湾底村党委学习的决定。在党员干部的带领下，湾底村成为了浙江新农村建设的先行者。

回顾湾底村的发展史，在村党组织的带领下，历经两次创业。创办工厂可以说是湾底村的第一次创业，第二次创业则是发展现代生态农业。

湾底村的第一桶金来自 20 世纪 80 年代，当时两个小作坊式的五金厂在党员干部的努力下实现了利润当年翻番。1993 年，各地涌动乡镇企业转制热潮，而湾底村却选择了集体占大头的股份合作制。在村党组织的带领下，全体党员干部齐心协力，村里先后创办天工公司、巨星公司

天宫庄园首届桑果节盛况

等 7 家企业，组建了天工实业有限公司，并相继在土耳其、德国等地开办企业、设立办事处。

湾底人牢记习近平同志的谆谆嘱托，坚持“千万工程”只有以业为基，才有持久生命力。2004 年，村党总支提出农旅一体化的发展思路，成立了天宫庄园休闲旅游有限公司，举办了第一届桑果节。2006 年，天宫庄园成为全国农业旅游示范点，逐步打造出植物园、天宫城堡、非遗博物馆等一系列“近郊型”休闲旅游项目，村庄变身为集农林观光、水果采摘、科普教育、乡村体验和休闲娱乐于一体的“都市里村庄、城市中花园”。2009 年，湾底被认定为国家 AAAA 级旅游景区；2010 年，获评国家级生态村；2012 年，获“全国十佳休闲农庄”称号；2014 年，获“全国最美休闲乡村”称号。湾底村还加强多元投入，投资建设蓝青小学、入股鄞州银行等，都取得了较

天宫南铂玫瑰园

好的社会效益和经济效益。

2022年，湾底村打造天宫电商直播基地，开展直播带货、直播云游等，不仅丰富了村里的产业业态，也成功为村里引来了流量。如今，村里投资1200万元建设现代农业示范园，建成7200平方米智能玻璃温室，相继投产种植升降草莓、半空西瓜等，农作物生长状况、光照、空气湿度等数据都可通过手机或者电脑进行远程操控，以便及时调整生产作业。

目前，湾底村第一、第二、第三产业齐头并进，实行集体所有、集团经营、集约发展，形成商贸经济、文旅经济、美丽经济多元发展格局；坚持走集体共富之路，探索转地获租金、上班挣薪金、经营赚现金、入股得股金的“四金富民”模式，实现资源变资产、农房变客房、村民变股东，让每个村民共享发展成果。到2022年底，湾底村集体净资产达12亿元，村集体可用资金4458万元，村民人均收入7.25万元。2022年5月，湾底村入选浙江省首批未来乡村名单。

直播基地

富裕起来的湾底人开始大动作进行旧村改造、新村建设。他们大力助推“城乡一体”建设格局，以全村域治理、全产业转型、全成果共享的理念打造中国式现代化示范乡村。委托上海同济大学，高起点、高标准地编制了新村建设规划。从2001年起，湾底村用5年时间，自筹资金2亿元，实施“土地整合”“老屋新生”“生态重塑”等工程，整合土地1000亩，新建住宅9万平方米，配套建设了集休闲、观赏、健身于一体的文化公园，形成布局合理、配套齐全、环境优美、建筑有特色的社会主义新农村。2006年底，全村400多户村民搬进花园新村，实现“全体村民住新居、全村环境成景区”的愿景。

旧村改造的同时，始建于明末清初、有300多年历史的西江古村得以妥善保留，其他7个自然村内有特色的建筑整体迁移到西江，古村风貌得到进一步美化。西江河水清澈，玲珑小桥横跨水面，河边长长的街市石板路悠悠，街边老戏台、老店铺错落有致。村里还建起插花艺术馆、宁波服装博物馆、鄞州非遗馆、旗袍文化会馆、越窑青瓷博物馆、金银彩绣艺术馆、水墨艺术馆、明州书画院等。一个小小的村落，拥有如此规模的博物馆群，这在国内也属罕见，西江因此被誉为博物馆之村。旧村改造全面提升村容村貌的同时也留住了乡愁，西江古村因此成为旅游热门地，每到节假日游人如织。

鄞州非遗馆

2022 年，湾底村以浙江省未来乡村样板建设为契机，决定对天宫庄园小区进行全面改造，包括加装电梯，此项工程被列入鄞州区 2022 年民生实事工程项目。到 2023 年 6 月，整个小区全面完成 67 部电梯的加装工程，634 户居民享受到“一键直达”的幸福生活。整个小区加装电梯以“政府补助、村集体补贴、业主分摊”的方式推进，此做法也开宁波地区基层治理的先河。

西江古村照壁

随着生产方式的改变，传统农业劳动力“洗脚上田”到村办企业务工，继而发展为从事第三产业，为了让大家跟上社会发展的步伐，村里成立了教育基金，村里的厂长经理、技术人员可以免费学管理、学技术。村里非常重视下一代的培养，村民子女可以获资助从小学一直上到高中，并把奖励优秀学生写入《村民自治章程》，对考入高校的学生提供最高 2 万元的奖学金。截至 2022 年底，村里培养了 147 名大学生并吸引部分学生回村工作，反哺家乡。

蓬勃发展的湾底村，引得“凤凰前来筑巢”，高级技术人才、国家级工艺大师等两百余名英才入驻湾底，为村庄未来发展做好扎实的人才储备。

未来，湾底村将以人本化、生态化、数字化为建设方向，有序推进未来乡村各类场景建设迭代更新，进一步巩固集体经济发展道路，实现共同富裕和农业现代化先行，着力构建“美丽、数字、共富、人文、善治”的乡村格局，打造未来乡村新标杆，努力为高质量打造现代化滨海大都市首善之区贡献湾底力量。

东雅村

河清楼美　富甲一方

清清的河流环绕着村庄，标准厂房、新建住宅和古色古香的文化礼堂完美结合，鄞州区邱隘镇东雅村地处镇区南边，环境优美，经济发达，这个田园上的工业风村庄是当地首屈一指的富裕村。东雅村党支部高度重视精神文明和物质文明建设，带领全体党员和村民脱贫致富奔小康。2022年，全村实现工业总产值约3.8亿元，村固定资产1亿多元，集体可用资金2900多万元，村民人均收入4.58万元。近年来，东雅村获得浙江省卫生村、省民主法治村、省善治示范村、省农村引领型社区、省五星级文化礼堂等荣誉。

东雅村区域面积1.1平方千米，全村共有户数283户，户籍人口不到700人，却是个有故事的村庄。东雅村，又名东下桥、东雅桥，多数村民姓郭，并有蔡、夏、洪、曹、王等姓。据清乾隆

东雅村鸟瞰

旧村改造前的东雅村

《鄞县志》记载，早在230年前东下桥村已形成规模。东雅桥郭氏先祖由杭城迁居而来，并在河道上建桥，名东下桥。后裔发族成村落，人称“东下桥村”。因“雅”“下”谐音，为风雅起见，改桥名为“东雅桥”，村名也改为“东雅村”。

斗转星移，沧海桑田。到了2000年，东雅村仍是个穷村。村民住的多数是祖辈传下来的木结构房子，或者自己翻建的砖混结构房子。住宅旁边、村路上搭建猪舍、柴间等，杂物成堆。村民到镇上或者城里打工赚点生活费，收入微薄。村集体经济也非常薄弱，年收入只有三五十万元，只够勉强维持日常必不可少的开支。人们称这个村为“烂污东雅”。

为了改变村面貌，经过邱隘镇党委的考察和东雅村村民的推荐，2005年，年近六旬的蔡康国（1947—2017）走马上任，他撂下自家资产过亿的企业，担任村主任，全面负责村里工作。东雅村的蝶变，蔡康国起到了非常关键的作用。

如何奋力变革，让“烂污东雅”走上致富路？村班子研究之后找到了发展思路，决定将壮大集体经济作为村经济发展的突破口，于是，大家撸起袖子干开了。当时，个体民营企业如雨后春笋般冒出来，经过市场调查后发现，租厂房的需求很旺。2006年，在征得村民同意后，村委会决定将村中边角地整理出来建厂房。但当时村里入不敷出，无力开展厂房建设。蔡康国抵押了自家企业厂房，替村里贷来600万元。到了年底，村里无钱支付工程人员的工资，蔡康国又筹款垫付。2007年，9万平方米的标准厂房顺利竣工，当年仅厂房出租，村集体收入就有900多万元。截至目前，东雅村利用村里的宅边地、晒场、仓库等建成10多万平方米的标准厂房，形成了3个小型工业区。

村集体经济迅速发展后，村里就着手谋划旧村改造。经过申报、讨论、审定，2008年，东雅旧村改造规划获得批准，还被列入宁波市新农村建设试点。这对东雅村来说，是个千载难逢的机遇。2009 年，村里启动拆旧建新工程。这一拆一建，依靠村现有资金加上新农村建设补助，满打满算，尚有 1 亿多元的资金缺口。情急之下，蔡康国再次以自家企业的名义向银行贷款，因数额巨大，他还抵押上自己和子女住的几幢别墅。2012 年，美丽的“东雅新村”顺利建成，全部村民住进了敞亮的楼房。

改造旧村的同时，村里进行河道治理，解决排污和行洪问题。2009 年，开挖了长 1000 米、宽 22 米的东雅新河，新村的污水管网全部接入市里的污水管网，实现了雨污分流。厂房的污水接入污水管，还安装了农田排水管，专门落实了河道保洁人员。经过几轮整治，原来发臭发黑的河水变清了，水质从劣Ⅴ类改善为Ⅲ类，绕村的东雅河变美了。2014 年，东雅村获评宁波市水环境示范村。2015 年，蔡康国获评浙江省优秀基层河长。

大河有水，小河满，村集体经济发展了，村民的口袋也鼓起来了。村里注重物质文明和精神文明两手抓，2016 年 10 月，东雅河畔占地 4500 平方米、建筑面积 3100 平方米的村文化礼堂开放迎宾。礼堂是一座具有浓郁中式风格的祠堂式建筑，布局呈四合院样式，朱红的主色调和熠熠生辉的金漆交相辉映，营造出中式建筑特有的华美。礼堂内建有传统戏台，并配套电脑房、舞

东雅村文化礼堂

蹈房、图书馆、健身房等功能室，能够满足节庆典礼、文体活动、村民议事等需求。2021 年，一位“95 后”宁波女孩在此举办了一场汉服婚礼，吸引了 1000 多万网友在线围观，也带火了东雅村的文化礼堂。

东雅村的变化有目共睹，村民休闲时逛逛公园，去文化礼堂参加各种活动，日子过得非常惬意。村集体收入节节攀高，从 2005 年的 130 余万元递增到 2017 年的 2000 余万元，2022 年又增加到了 2900 万元，这些数据是村庄富裕起来实实在在的证明。现在，拥有村集体经济股份的村民每年都有一笔数目不菲的分红，老年人每月都有生活补贴。为了给临时失业人员、“宝妈”等人群就近提供工作机会，村里和工业区的宁波顺其自然工艺品有限公司对接，建立起共富工坊，采用“公司 + 个体户 + 村民”共富运营模式，个体户负责零配件生产，村民负责包装材料的组装，个体户和村民按照订单要求将所加工的材料准时送到公司。村民不用上班“打卡”，可以自己掌握时间进行工作，带动近 300 名村民灵活就业，平均每人每月增加收入近 2000 元，而公司节约了生产成本，生产效率也得到了提高。

2023 年，东雅村又投资 3000 万元引进了两个大项目 —— 东雅综合菜市场和邱隘卫生院分院。这两个民生实事工程，既方便了周边群众的生活和医疗，又提高了村集体经济的实力。

未来，东雅村将改造提升现有厂房，优化产业结构，发展壮大村集体经济，丰富村民文化生活，让村民生活越过越红火。

东光村

传统乡村闹市　成功“腾笼换鸟”

“鄞南有村，村名东光；东光有街，街巷纵横；临水而居，因水而兴；美丽乡村，精彩蝶变。”这首民谣生动总结了鄞州区姜山镇东光村的今昔。东光村位于鄞南商贸门户——姜山镇中心区域，是个典型的“镇中村”，辖区内商贸繁荣。

近年来，东光村抓住乡村振兴发展机遇，坚持共富与共治一起抓，推动美丽乡村建设，一跃成为浙江省农村引领型社区，并荣获省红色根脉强基示范村、省民主法治村、省善治示范村、省商贸发展示范村、省五星级农村文化礼堂等荣誉。

东光村依河而建，地处姜山古镇闹市东新街一带，村里立志要为东新街争光，因此村庄取名为东光村。东光村村域面积 1.37 平方千米，由一号桥、唐家、东新、东岸 4 个自然村组成。鄞州区第三医院、姜山中学、姜山市场等都在其辖区内。现东光村全村在册户数 476 户，人口 1153 人。村民、居民、外来人口混居，常住人口超 1 万人。

据《姜山镇志稿》记载，姜山镇较大的集市，始于清光绪年间，以东新街、墙弄街为中心建起东镇市和西镇市，主要交易渔货、竹木行、酱制品、蔬菜、瓜果、粮食等。东镇市每逢农历

姜山市场

东新街

双日为市集，西镇市每逢农历单日为市集。遇到市集，街上人头攒动，盛极一时。

东新街上现仍有很多老房子，位于东新东街的边氏瑞房至今保存较为完整。瑞房是姜山人边文锦旧宅，约建于 1920 年，毗邻东新河，与姜山中学隔河相望。瑞房分前、中、后三进，有河有园，回廊重檐，是典型的民国时期江南民居。边文锦早年去上海谋生，最初以撑渡船为业，后成为上海纱业巨商，热心家乡公益善事。其中最为出名的是建立宁波佛教居士林，开展了一系列助困济贫的行善之举。

原东光五金厂烟囱

东新西街上，沿河一排老平房里尚有几家小店还在营业。背街的居民区里，留存着东光村最早一批村办企业的痕迹。东光五金厂旧址上，一支红砖砌成的烟囱高高耸立，上面写着“向现代化进军”六个大字。南大路两边餐饮店挤挤挨挨，姜山市场周边摊位多、商品琳琅满目，还有几家网红小吃店，这两个区域烟火气浓郁，现今是姜山镇的商贸繁华地。

历史上，东光是典型的农业村。伴随着城镇化的快速推进，村子经历了从“镇中村”到“都市新村”的华丽变身，东光已成为名副其实的经济强村。

20 世纪 80 年代初，改革开放的春风吹来，东光村陆续兴办了酒厂、耐火纤维厂、电工器材厂、五金厂等小厂，村集体经济逐步增强。凭借离市区近、交通方便的区位优势，1993 年起，东光村开始扩建村级工业园区，扩大厂房出租面积，村级经济造血功能进一步加强。2007 年，东光村投入 2200 万元启动新农村建设，走上了工业发展与新村建设齐头并进的发展路子。2009 年

东光村街面

8 月，东光家园一期建成，之后，晨光茗园和东光家园二期相继竣工。至此，村里共建成新居 658 套，面积达 84761 平方米。值得一提的是，村里预留了部分房源作为拆迁安置房，优先满足大龄青年、住房困难户的住房需求。新村建设项目给村里带来了 1.4 亿元的现金收入，从根本上改善了村集体的经济状况，使东光村逐步走上了富裕的道路。

因地处镇中心，区域内商户多，住户多，街巷错综复杂，垃圾随处可见，车辆停放无序，一段时间里，东光村成了脏乱差的“镇中村”。在城市化进程中，村庄不仅要富起来，还要美起来。2018 年，东光村开展环境专项整治行动，清除环境卫生死角，清理陈年垃圾，拆除违章建筑，修补墙面、路面和绿化带，整理出停车位，全村面貌焕然一新。为建立长效机制，全村 46 条路都设立“路长”加强日常管理。村里还多层次地创新基层治理，倡导人人做好事，开展了独居老人智能手环实时响应、“东光老娘舅”拉家常化解矛盾、志愿者积分换礼品等一系列举措。多管齐下，东光村由内而外发生了变化，逐步走向环境美、人文美，实现美美与共的景象。

富起来、美起来的东光，更要“智”起来。依靠新村建设攒下的这桶金，东光村“腾笼换鸟”全力打造双创双服产业园。2019 年 7 月，通过“三改一拆”，清退“散乱污”企业 17 家，整理出 17 亩土地，用于东光村产业园项目建设。一期总投资 1.4 亿元，建筑规模约 39064 平方米，已于 2023 年 4 月竣工，2024 年起将为村集体增收 770 万元；二期总投资约 1.1 亿元，总建筑面积约 30178 平方米，建成后拟引进高科技企业，使村级土地提容增效，助推东光村工业跨上新台阶，村庄变身“智富美”。

东光家园

未来，东光村计划打造建筑面积 8300 平方米、拥有 200 个床位的东光养老院项目，实行市场化运营模式，以期实现补齐农村养老服务短板和促进村级经济增收的双赢。

在建的未来社区

回龙村

疏导引导指导　共融共富共治

回龙村北邻东部新城核心区，南接东钱湖板块。区域面积 2.5 平方千米，由 6 个自然村、1 个工业区组成，现有户籍居民 1900 多人，外来人口超 1.5 万人，是宁波市三大外来人口聚集地之一。回龙村因地形而得名。据传，最早在回龙落脚的人看到河流两侧多漕，形似龙爪，主河似龙身，水流向西，如龙回头形状，就把村名取为“回龙”。近年来，回龙村先后获得国家级体育现代化村，省五星级农村文化礼堂、省民主法治村、省农民工文化家园、省气象防灾减灾标准化村、省农村引领型社区、省志愿服务工作先进集体、省示范慈善工作站、省文化示范村等荣誉。

旧村改造前的回龙村

回龙村鸟瞰

回龙村是一个典型的城乡接合部，社会矛盾触点多，环境治安管理压力大。在此背景下，近年来，回龙村摸索出一套以“党建为引领、产业为抓手 、文化为纽带、和谐为底色”的乡村治理模式，走出了一条属于自己的共融共富共治之路。

在党建引领方面，回龙村开展“周六圆桌会议”，每周六上午 8 点 30 分在回龙村村委会议室，村党总支书记准时给村干部、村民代表、本村志愿者以及外来人员代表上党课，把党的方针政策用宁波老话进行阐述，让农村老党员们听得懂、听得进、愿意听。同时，根据会议事项，还会邀请法律、环卫、工程等专业人士前来参加，面对面协调解决各类疑难杂症。“周六圆桌会议”让村里的党员们知形势，明任务，激发干劲，村里的矛盾纠纷得到了有效的解决，群众参与乡村治理的劲头更足了。

为促进外来人员快速融入，回龙村利用党总支的组织优势，整合条线资源，建立了鄞州区首支村级流动人口志愿者队伍“581”（我帮你），在医院、工业区、学校等流动人口密集场所挂牌成立了 6 家“581”志愿者基地，并建立了新回龙人志愿者微信群，通过流动人口中的党员和“老乡联络人”去凝聚群众，推动新回龙人做好自我管理、自我服务。一些党员房东加入志愿者队伍，架起沟通桥梁，邀请外来人员参加村里的各项活动，让他们增加归属感，成为乡村治理主力军。

回龙桥商标

在产业发展方面，回龙村根植优势农业产业，提升产业链、供应链现代化水平，提升村民增收新潜力、新动能。2014 年，回龙村投入 300 万元改建回龙蔬菜批发市场，通过整体打包、统一运营，累计已创收 800 余万元。打造农业特色品牌“回龙桥”，让村民自制年糕拥有独立商标并免费入驻超市，拓宽了本地农特产品销售渠道。2020 年，村里引进电商平台，让回龙村的绿色蔬菜也贴上“回龙桥”的商标，为宁波市区、舟山等市民提供及时达和次日达配送。目前，精包蔬菜日销售量可达 4 吨，散装蔬菜约 5 吨，日营业额 8 万—10 万

回龙村文化礼堂

元。在进一步拓宽村民农产品销售渠道、增加村民劳务收入的同时，也促进村集体经济发展壮大，2022 年村集体经济收入达到 1200 万元，每位村民（社员）分红 2300 元。

在文化纽带方面，回龙村以村文化礼堂为载体开展各项文体活动，丰富了村民的生活，推进了精神文明建设。从 2017 年开始，回龙村试水文化礼堂市场化运作，将健身房和游泳馆交给专业团队来运营。同时，升级文化礼堂功能，增加飞盘、瑜伽等时尚运动。随后，又引进数字阅读体验、“小候鸟服务站”、越剧工作室、国画创作等项目，定期开设传统文化传承项目。另外，村里 18—60 周岁的村民还能免费享受文化礼堂健身房的各类项目，真正落实了文化惠民。

在和谐底色方面，回龙村以“581”志愿服务队建设为契机，从外来人口群体中选配出一批“老乡联络人”，积极帮助外来务工人员融入当地社会，实现共同发展。每位“老乡联络人”都肩负着“联络员、宣传员、调解员、助理员、监督员”的“五大员”职责，成了村党组织和外来流动人员之间的桥梁。同步建立“老乡微信综合指挥室”，村里的各类事务和志愿服务需求，可以通过“老乡联络人”直接联系发布，做到“随时喊话、举手帮忙”，实现流动人口全覆盖、信息交流扁平化、服务响应零距离。目前，已先后选配 11 名联络人，实现了全村 1 万余名外来人口联系全覆盖，累计发布志愿服务需求 400 余条，平均响应时间少于 10 分钟。

回龙桥

展望未来，回龙村将借助轨道交通 7 号线带来的机遇，做优共融共富共治工作品牌，与浙江万里学院合作做深“校地共建”文章，做强“回龙桥”品牌系列农旅产品，促进集体经济再上新台阶，让新老回龙人共享改革发展红利。

浙江万里学院（回龙校区）大门

渔业村

祖辈靠水吃水　转型护水治水

五乡镇渔业村曾经凭蚌珠养殖而富甲一方，村级经济家底非常殷实。近年来，村里通过建造高品质厂房，吸引上规模企业前来落户，实现村集体经济稳步发展。

不同于其他行政村，五乡镇渔业村实质上是一个经济组织，没有行政区域，只有河道的使用权和经营权，村内共有发证河流使用面积4000多亩，包括南北塘河、中河江、大堰河、沙堰江、柴叶江、太平桥江等河流，遍布五乡镇和东吴镇。村委会、文化礼堂、老年活动室、议事长廊等公共用房和村集体厂房、村民的住宅主要分布在五乡镇皎研何村沿河地段。村文化礼堂具备举办各类活动和大型婚礼等功能；河边的议事长廊、室外体育设施可以供村民休息、健身；老年活动室里配备有棋牌、书报等；民居多数为自建院落式楼房，整齐宽敞。村里的硬件设施安排妥帖，村民日常生活过得惬意而舒心。

皎碶桥

渔业村水域宽阔，波光粼粼。沿岸风光旖旎，田野成片，远山如黛，民居、厂房等建筑物错落有致。河面上，渔民驾小船从远处驶来，小船渐行渐近，平静的水面泛起碎金般的涟漪，景色如画。在皎碶桥上，经常有摄影爱好者扛着“长枪短炮”，捕捉江南水乡的晨光美景。每天清晨，渔民携带自家捕捞的河鲜在皎碶桥附近的河塘边出摊，这些野生淡水产很受周边居民的欢迎，于是在桥边自发形成了早市。

五乡镇渔业村的老一辈渔民分鄞、绍两籍，绍籍渔民多数是20世纪二三十年代从绍兴谢江

后塘河

早年捕鱼场景

岸头、则水牌等地划着乌篷船，沿着江河边捕鱼边讨生活，为了生计漂泊而来，一家一船，以船为家，岸上并无歇脚地。后来，他们向当地人租小屋、柴间或者自己搭小屋，集聚在回江桥一带。绍籍渔民采用捻夹网捕鱼，春夏捻河草，秋冬捻鱼虾。鄞籍渔民半农半渔，携带鸬鹚捕鱼作业，鸬鹚捕鱼能力非常出众，当时，一只成年雄性鸬鹚的市场价相当于一头牛。但鸬鹚杀伤幼鱼太多，这种捕鱼方法早已被淘汰。

船上人家慢慢在五乡镇生根，安家落户。1953 年 3 月，建立了天童区渔业协会，会员主要是生活在五乡的渔民。1956 年变更为新丰渔业生产合作社。1958 年成立天童人民公社渔业大队。1961 年，建立五乡人民公社渔业大队。20 世纪 80 年代初，改名为五乡渔业村。渔业村没有农田，当年，渔民和居民一样可以领取粮票。因为没有行政区域，渔民可以买下其他村村民的房子并办理过户手续，于是逐步定居下来。现在全村在册 420 多户，700 多人。高、陈、钱为三大主要姓氏，也有阮、丁、夏、谢等姓氏。

20 世纪五六十年代，渔业大队在内河养殖草鱼、花鲢等宁波人喜欢吃的淡水鱼。1956 年到 1969 年期间，还出海捕捞墨鱼。捕捞业鼎盛时期，村里共有捕捞船 100 多艘，基本上平均每户就有 1 艘。1958 年开始，渔业村还远赴象山港养殖海带、紫菜，拥有 8000 多亩海域，现在，村里在咸祥仍拥有部分滩涂。

渔民们还尝试淡水养蚌育珠。20 世纪 70 年代初，蚌珠养殖大获成功。80 年代，还成功培育三角蚌养殖，其孕育的彩色珍珠在市场上属于稀罕物，价格不菲。村民扛着大包的珍珠搭乘公交车到外地出售，回村时携带大包现钞，一时传为美谈。从 60 年代初到 80 年代，海带和蚌珠养殖先后成为村里主要经济来源。依靠蚌珠养殖，村民和村集体经济的钱包都鼓起来了。1985 年底，每个劳动力人均年收入为 3547 元，户均收入为 11116 元。到了 1990 年前后，渔业村的一个劳动力年收入可达万元，村里“万元户”比比皆是，五乡镇渔业村富甲一方，声名远扬。

发展渔业的同时，村里尝试发展工业。1966 年开始，村里办厂进行绳索加工、麻袋制作等，

养蚌育珠

职工主要为村里的妇女劳动力。后来，村企业不断升级，办起了电器厂、金银饰品加工厂、轴承厂等。金银饰品加工厂享有代加工黄金的资格，当时是全省独一家，其产品在宁波市区的城隍庙和第二百货商店定点销售，村里还购买了这两家公司的原始股。后来村办企业全部转制，有几个老职工继续从事珠宝行业，至今仍在五乡镇上开办金楼。

由于蚌珠价格下跌、河道泄洪等原因，淡水养殖业渐渐衰退，河面漂浮的养殖箱、渔网等全部被清理干净。现在村里仍有50来个村民守着传统淡水产捕捞。村里的快艇和水泥船参与渔政协管工作，及时清除违禁网，制止电网捕鱼等乱捕滥捕行为，保护渔业资源。

近年来，通过党建引领，渔业村各项事业蓬勃发展。村里积极助力水环境治理，充分发挥"以鱼治水、以鱼养水"的功效，在各条河道投放鱼苗改善水域生态环境。厂房出租、河面承包是村集体主要经济收入，年收入达800万元，这为村的持续发展和村民福利提供了坚实的保障。

放眼未来，渔业村将进一步提高引进企业的档次，提高集体厂房的亩收益。计划引进水域旅游娱乐项目，尝试种植水上蔬菜，通过旅游开发带动蔬菜销售，这两个项目相得益彰，将成为村级经济新的增长点。

秀水桥

· 历史古村 ·

■ 作为千年古邑，鄞州拥有一批底蕴深厚的历史文化名村，给后人留下了珍贵的文化遗产。在“千万工程”东风吹拂下，鄞州积极开展古村保护开发，将文化资源融入共富产业，以文旅促共富，让这些宝贵的历史文化资源，转化为看得见、摸得着、可传承的实景，转化为村集体和村民实实在在的发展红利，进一步焕发时代的生命力。

走马塘村

中国进士第一村　文旅创新频“出圈”

出了 76 位进士、被誉为“中国进士第一村”的姜山镇走马塘村古风犹存，村口的荷塘和村里高耸的马头墙带有婉约的江南诗意，而点缀其中的乡村咖啡馆更让古村频频“出圈”。

走马塘村村域面积 2 平方千米，其中古村面积 17.3 万平方米。全村现有户数 570 余户，户籍村民近 1400 人，陈姓是走马塘村第一大姓，约 80% 的村民为陈氏族人。近年来，走马塘村被列入第三批中国传统村落名录，先后获得了国家级美丽宜居示范村，中国历史文化名村，全国文明村，全国乡村治理示范村，省旅游特色村、省卫生村、省五星级文化礼堂、省民主法治村、省美丽乡村特色精品村，以及百千万工程省级示范党组织等荣誉。

出淤泥而不染的荷花是走马塘陈氏的族花，在村民心中占有独特的地位。村口的荷塘，每到夏天，荷叶田田，荷花亭亭。荷塘的北面，矗立着一排非常气派的古宅，弧形、尖长的翼角飞起，这种飞檐加山墙结构既有效改善居室采光和通风，又显得大气磅礴。这排古宅统称中新房大院，建于清代中晚期，占地面积 3800 多平方米，鼎盛时，共有房屋 400 多间，现在仍有很多住户。

中国进士第一村牌楼

中新屋与荷池

中新房的北面为后新屋，也称日房，呈三合院式建筑群体，天井之大为走马塘第一。荷塘的南面也是一排古建筑，为前新屋，俗称月房，是典型的宁波晚清民居建筑群，平面格局为中间厅房，东、西两厢房，前、后两明堂。月房最有特色的要数高耸的五级马头墙。一般马头墙为三级，五级非常罕见，彰显主人的品位和地位。这三大院落和贵房、忠房、慈荫房等组成了走马塘古建筑群。

走马塘陈氏在村里建有三座祠堂。荷塘的西边是气势宏大的陈氏宗祠，这一仿古建筑为后人重建，呈三合院格局。正堂悬挂后人重新制作的“遗忠堂”“忠孝里”匾额和“历代进士总目”“家谱姓氏总目”。前门楹联上书“直声振赵宋，忠节耀朱门”。陈氏一门忠烈，北宋大观年间（1107—1110），宋徽宗敕走马塘为“忠孝里”；南宋嘉熙年间（1237—1240），宋理宗赐家庙“遗忠堂”。因村里有皇帝御批，进村时，文官下轿武将下马，牵马而过河塘，于是村子改名为“走马塘”；坐落于村子西北部的是“瞻衮堂”，

信保弄

陈氏祖堂

“衮”为皇帝的冕服图案，“瞻衮”意为纪念先祖。陈氏四世右正言陈禾曾在金銮殿上拉住宋徽宗的龙袍直言极谏，弹劾童贯等权奸。陈氏后人为了纪念他而修建了“瞻衮堂”，现存的建筑为清嘉庆二十二年（1817）重建；纪念陈氏一世祖陈矜的陈氏祖堂，是陈氏宗祠中年代最久、规格最高的建筑，堂前竖立两根功名杆。现在的祖堂为近年重建。

陈矜

陈氏家族聚居一村，历千年变迁而文脉不断，可谓真正的千年望族。走马塘陈氏开枝散叶，目前已繁衍到 38 世。陈矜（932—990）为走马塘陈氏一世祖，姑苏长洲人。陈矜在端拱元年（988）为明州知州，卒后葬于茅山，其子为父守墓，带着家眷定居走马塘。陈氏后人科第接踵，人文蔚起，文翰书香千年传承。从北宋到明代，走马塘陈氏共出进士 76 名。

陈矜次子陈轩（967—1044），曾任明州录事。走马塘素有“君子之风”，这与陈轩有关。据文献记载，陈轩爱竹，栽竹万竿，追求清净逸致，乡邻敬重陈轩忠实谦孝的谦谦君子风度，把流经他家旁的那条河称为“君子河”。

陈松涛

陈氏后代人才辈出。甬上名中医陈松涛（1861—1936）被誉为鄞奉“半仙”，为走马塘陈氏第 30 世后人，从小随父亲学习医术，术比“神农”。陈松涛的私人诊所“贻谷堂”位处“蟹肚脐”埠头附近。陈松涛坐诊时，鄞、奉两地甚至宁波、上海的病患都慕名前来就医，“蟹肚脐”经常拥挤得水泄不通。百年诊所较好地保留下来。

走马塘陈氏第 31 世后人陈露芗（1876—1943）是中国第一代留学博士生，著名的土木工程师，为家乡设计并监督建造了象山军港、栎社机场、蒋氏故居、茅山乡村师范学校等。陈露芗还被誉为“宁波钢桥设计第一人”，他曾将改建灵桥的设想拟成计划书，但因当时财政空虚，无法实施，他设计的图纸、方案至今还保留在宁波市档案馆。

陈露芗

核农学家、中国科学院院士陈子元为走马塘陈氏第 34 世后人，1924 年 10 月出生于上海。他奠基中国核农学，创下了四

陈子元

个第一：创建了我国农业院校第一个同位素实验室；制订中国第一部农药安全使用标准；国际原子能机构科学顾问委员会第一个中国科学家；中国核农学第一个院士。

千年来，走马塘哺育了一代又一代的陈氏族人。村里古宅飞檐翘角，街巷阡陌曲径通幽，石刻花窗随处可见；护村河静静地流淌，古村遍布河槽、水池等。其中俗称“蟹肚脐”的河槽为村水利系统的枢纽，和奉化江相通。这个河槽因埠头形似蟹肚脐而得名，埠头长约 30 米，石阶延伸到水面下，船舶从“蟹肚脐”启航，可以驶向宁波、上海大都市，连接起外面的世界。

“蟹肚脐”也是村民取水的埠头，连接一条曲里拐弯、约 200 米长的小弄堂，刚好容得下担着水桶的村民通行，俗称“挑水弄”，另一头与老街相连。老街长约 150 米，原来的格局基本留存，依稀可以看到往昔的繁华。街宽约 5 米，沿街为商住两层楼。鼎盛时，银行、当铺、米店、酒肆等应有尽有。村里还有一条更窄的弄堂，从信保房到荷塘边，俗称信保弄，最窄处仅 1 米多，一顶轿子勉强可以通过，长度近百米，一路蜿蜒。在逼仄的小巷行走，抬头却可以看到三座马头墙同框，美不胜收。

在历史长河中，古村逐渐衰落。在“千万工程”东风吹拂下，走马塘村民认识到古老家园的宝贵价值。2007 年，走马塘拉开了古村保护开发的序幕，修复古建筑，清理河道，改造停车场等基础设施，古村焕然一新，一跃成为人文景观旅游胜地，声名鹊起。2010 年世博会期间，走马塘村获称中国“魅力小城”，外国游客也慕名而来。

千年古树与“蟹肚脐”

近年来，依托深厚的文化历史底蕴，古村进行保护和开发，着手文旅融合迭代升级，开启艺术赋能乡村振兴的实践。荷塘边的乡村咖啡馆，在 2022 年夏天荷花盛开时同步开业。花开的 118 天，咖啡馆

启蒙礼

也红火了118天。开业第一个月，超过2万人次“打卡”咖啡馆。马头墙下、荷塘边，竹椅子、冰咖啡，浪漫夏日的氛围感满满。走马塘村的“流量密码 ”被激活了，吸引了4000多万元的民间资本，一大波网红店前来落户。这也激活了乡村振兴的内生动力。村民们卖起了“进士排骨藕汤”、“进士糕”、酸梅汤，开起了“荷蓝染坊”；“90后”“海归”回村创业，在祖上的老房子里开了一家舒适的荷塘茶铺；非遗传承人在村里开出箜篌馆，还为家乡作曲，诠释走马塘的美；以陈禾为原型创作的《走马御史》在村里沉浸式演出……不少回归的乡贤带来了新思路、新项目、新理念。跨界、创新，这是走马塘走红的关键，荷塘咖啡、沉浸式演出等文旅新场景为古村带来了全新流量。创业团队和村集体的收益绑定，使双方实现了共赢。

老街

荷塘茶铺

2022年，走马塘村被列入浙江省未来乡村试点单位，千年古村守住文化根脉，将继续深挖特色资源，激发乡村发展的潜能，开拓融合发展之新，让村集体和村民都享受到发展红利，实现乡村振兴。

童夏家村

青绿山水　拥翠入幽

地处塘溪镇最西端的赤堇山麓，一条宽阔的溪流穿村而过，小村依山傍水，民居鳞次栉比，宜居宜游，鄞州区童夏家村如同世外桃源，享有“宁波的香格里拉”的美誉，获评浙江省历史文化名村，2019 年还被列入第五批中国传统村落名录。

童夏家村始建于元末明初，距今约 700 年，始居者为童氏，以后夏、张、周、刘诸氏相继迁此居住，建房成村。目前童夏家村共有 384 户，户籍人数 843 人。村里拥有山林 2400 亩，耕地 460 亩。由雁村和夏村一大一小两个自然村组成，村委会设在雁村。雁村沿溪而建，形似张翅南飞的大雁，因此得名。

通公路之前，童夏家村村民出行非常不便，当地流行一句顺口溜：“童半夜，周不睏，童夏家

雁村夜色

童夏家村风光

人全夜奔。”说的是童夏家人卖山货赶集市，无论到横溪，还是到韩岭，都需翻山越岭长途跋涉，常常夜里出发，摸黑去赶集。如今，公路通到了村里，公交车也从宁波城区开到村里，很多村民开私家车出行，40 分钟即可到达市区，交通十分便捷。

童夏家村地处鄞州东南丘陵区，属天台山脉。村西之赤堇山因山巅多灰白色岩石，俗称白岩山。村庄周边群山拱卫，十分灵秀。从白岩山奔流而下的梅溪穿村而过，给静谧的村庄带来动感。溪水清澈见底，水面较为宽阔，有 10 余米宽。村口，一座石拱桥爬满藤蔓，非常有年代感。1971 年梅溪南岸新路开辟之前，这是出入村庄的重要通道。这座桥由旅沪村人童吉生在 1923 年募资建成，名为镇安桥，桥高 8 米多，跨度 16 米多，是一座单孔石拱桥，用不规则的大石块砌成，历经百年来无数次洪水的考验，仍岿然不动。溪坑两岸，石磡用不规则的大石块砌成，石缝中，古树顽强生长。离村口不远处，一左一右两棵古老的枫杨树都朝中间伸展，搭在一起，形成“人”字形互相支撑。不管多大的风雨，这两棵古老的枫杨树屹立不倒，成为村里一景，很多游客特意到此“打卡”拍照。沿着溪坑逆流而上，满眼都是绿色。溪坑边古

镇安桥

树生意盎然，溪边枫杨约 20 株，都有百年树龄，树冠宽阔，气势雄伟，树枝上长满青苔。到了深秋，枫杨树叶色彩红艳，仪态万方，非常迷人。

无论溪坑、道路还是房前屋后，都不见垃圾，非常干净。穿村而过的这段溪流长度约千米，为了方便两岸村民来往，先后搭建了 7 座小桥。其中雁溪桥建于 1969 年，被列入鄞州区第三次全国文物普查登录点。溪流落差较大，村里一共建有 12 道拦水坝，使溪水得到有效利用，而且形成小瀑布飞溅的美景。

“小村大道”墙绘

哲学小道

穿村而过的梅溪，村民喊为“周家溪”。溪边村道用鹅卵石铺成，民居多为白墙黛瓦，墙基用石头砌成，古朴厚重。路边墙脚处，院落矮墙上随处可见盛开的凤仙花。以前，乡村的女孩子喜欢用凤仙花染红指甲，这花也被叫作“指甲花”。这种花算不上名贵，但让人感到特别亲切。

童夏家村还保留了一批明清时期的古建筑。建于清朝康熙年间的童氏宗祠，距今已有 300 余年，现为鄞州区历史文物保护单位。童氏始祖坟墓修筑年代无从考证，清同治年间重新修整，2006 年再次修复。原建于清嘉庆年间的拜经堂曾改为雁村小学，现已修整保持原貌。石墙、古宅、鹅卵石路等老祖宗留下的老建筑，组成了独特的乡村风景。

小村耕读传家，在日常生活中形成一些富有哲理的土语、谚语等。村里百岁老人童中人老先生还总结出“爱国是为民之本，孝亲是为人之本，宽容是待人之本，诚信是立身之本”等 10 条“小村大道”。村里走出去的书法家在村里留下了书法作品，增添了山村的人文气息。

近年，童夏家村着力打造浙东哲学小村，沿路可见颇有童趣的哲学漫画墙，议事长廊廊檐上的塘溪哲学谚语“补漏趁天晴，读书趁年轻 ”“勤是财外财，用掉还会来”等，把深奥的哲学和乡村谚语融为一体，通俗易懂又发人深思，和这个充满自然气息的山村，美妙融合。宽阔的溪流，茂盛的古树，整洁的民居，走进小村庄，明白大道理，不自觉地让人静下来，慢下来。

“藏身”塘溪最高处，群山环绕的童夏家村早年并不为人知。2011 年，村庄被评为浙江省旅

最美风车公路

游特色村后，引起社会各界的广泛关注，渐渐名气远扬。近年来，随着乡村振兴战略的实施，童夏家村走上了自我更新的快速发展道路。村里整治环境，修建公共厕所，设立垃圾回收点，清理溪道，浇筑拦水坝，改造停车场，新建游客服务中心，改造亲水景观，整治电线线路，修缮倒塌的民房等。所有的改造都坚持修旧如旧，村子的古雅韵味不断提升。如今，童夏家村有枫杨、香樟等百年古树群落；有菩提岭、九曲岭、松石岭三条古道；网红“最美风车公路”就在村庄附近；沿溪坑的亲水游步道也已建成；加上百年古桥、童家祠堂等古建筑，村里的旅游资源日渐完善。慕名前来的游客络绎不绝。尤其到了春秋两季，山色如画。“拥翠入幽，顿觉误临桃花源；踏歌览胜，犹感畅游紫竹林。”一名游客到童夏家村游玩后写下如此优美的诗句。

山村生态环境优良，种植的山地西瓜、沙地花生、用野山笋烤出来的羊尾笋等都是远近闻名的优质农产品。随着游客的增多，村里建起了咖啡馆、农家乐、民宿、堇堇有味共富工坊等配套设施，最新鲜的农产品可以通过农家乐、共富工坊销售给游客，增加村民收入。游客来到村里，也可以坐下来，喝杯咖啡，品品土菜，然后购买一点土特产，带上山村的味道乘兴而归。

共富工坊

望得见山，看得见水，记得住乡愁，游客口口相传，童夏家村的名气越来越大。凭借优越的旅游资源，未来，童夏家村将围绕“溪水纳凉、徒步探幽”，以农旅结合为中心，大力发展观光旅游业和生态农业，实现乡村振兴。

勤勇村

勤劳勇敢　艰苦创业

秉承着“勤劳勇敢、艰苦创业”的优良传统，鄞州区东吴镇勤勇村在全体村民的共同努力下高质量发展，荣获国家级美丽宜居示范村、浙江省首个全国文明村、省历史文化村落等荣誉。近年来，勤勇村在保留历史风貌的前提下，积极响应“千万工程”的号召，以东吴镇打造市级乡村全域旅游示范区为契机，走上了旅游开发带动乡村振兴的快车道。

勤勇村位于宁波市鄞州区东吴镇东南方，东临瞻岐，南接咸祥，西与北仑区相邻，北毗邻天童老街。勤勇村距宁波市区约 28 千米，离鄞州滨海开发区仅 5 千米，宝瞻公路穿村而过，交通便捷，扼守东吴镇南大门。当汽车驶入方方正正的石砌凤仪门后，一座颇具现代气息的“石头村”映入眼帘。迎面而来的是一只近两层楼高的巨大金凤凰，它昂首欲飞，色彩绮丽的凤尾垂地，仿佛正在欢迎每一位来宾。凤仪门和金凤凰始建于 1974 年，在 2010 年被列为宁波市第三次全国文物普查百大新发现之一，并被列为区级文保单位，是迄今为止鄞州区最年轻的文物，也是勤勇村的文化地标。

勤勇村鸟瞰

凤仪门

凤凰雕塑

如今的勤勇村区域面积 6.6 平方千米，由原来勤勇、凤岭两个自然村合并而成。在册户数 562 户，户籍人数 1100 多人，外来人口 200 多人。勤勇村以王姓为主，宋时已经形成村落，当时被叫作“凤下溪村”。关于村名还流传着一个美丽的传说。传闻太白山麓有座“凤凰山”，钟灵毓秀，溪水潺潺。古时山上栖息着 5 只凤凰，经常到溪边饮水，因此小溪得名“凤下溪”，溪边村庄就被叫作“凤下溪村”。那时大部分村民世世代代靠砍柴、卖柴讨生活，当地流传着凤下溪人“脚娘肚当米缸”“一天下雨勉强过，三天下雨叫皇天”的民谣，日子过得很艰难。

20 世纪 60 年代末，村庄改名为勤勇村，开始进行土地改革和互助合作化，并于 1969 年成立勤勇大队革命委员会，提出“苦干十年面貌变，摘掉‘烂腐勤勇’帽子”的目标。从 70 年代末开始，在村干部的带领下，勤勇人秉承“勤劳勇敢、艰苦创业”的优良传统，靠着一副肩膀两只手，团结一心，实现了“千余人民心向党，八百亩粮田超双纲，六千亩山林披新装，十一只水库鱼满塘，畜牧生产大发展，社员户户住新房”的奋斗目标。勤勇村艰苦创业的故事迅速传播，20 世纪 80 年代，这只山乡飞出的金凤凰成为宁波、浙江乃至全国学习的典范。如今的勤勇村整洁朴素，道路、花坛、楼房的外墙、廊柱等均采用石块砌成，别有一番风味。进入凤仪门后，左侧原为鄞县工艺美术厂厂房，现建成村

劈山改溪

凤溪文化礼堂

文化礼堂。西侧的村史陈列室展示了勤勇人艰苦奋斗的历程，纪念着那一段辉煌的历史。

老书记王信德是振兴勤勇的第一人。王信德（1938—1996）历任勤勇大队党支部书记、乡党委委员、县委常委、县委副书记等职，1983 年为省委候补委员，曾出席党的十二大。他带领村民艰苦奋斗，兴办工厂，发展畜牧、果业、茶叶等产业，带动村庄全面发展，走向共同富裕的社会主义大道。1969 年，以王信德为党支部书记的勤勇大队班子，制订出《勤勇大队十年发展规划》，带领村民劈山改田，发展茶园 311 亩，先后建造 10 多个小山塘、水库，并办起了五金加工厂、无线电元件厂、工艺美术厂、精制茶厂等，同时大力发展畜牧业，勤勇村落后的面貌迅速得到改变。1978 年 4 月鄞县县委作出了《关于学习勤勇大队的决定》，带起了一波“树榜样，见贤思齐；学先进，车流不息”的学习潮，来勤勇村参观的人数日均高达 500 人

其乐融融一家人

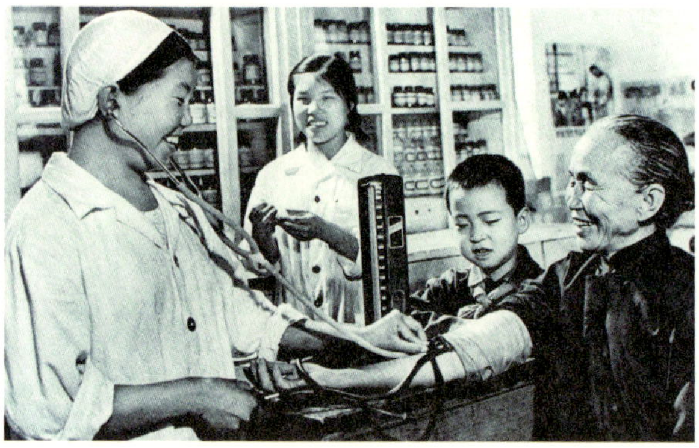

医疗服务

插秧

次。1983—1985 年，在全体村民的共同努力下，勤勇村经济快速发展，不仅在宁波市区开设了农工商综合公司及多个经营部，在东门口开了家招待所，还把村里的拖拉机开到上海接洽业务，实现了“小山村”生意做到“大城市”。

随着村经济实力不断增强，勤勇村针对村民居住分散，房屋普遍破、旧、小等状况，结合上级要求，于 1976 年底提出了“建设社会主义新勤勇”的目标，并邀请浙江省工业设计院开展新村规划。当时劳动力紧张，村干部提出“日治坡，夜治窝”的口号，勤勇人白天搞农业生产，晚上到宅基地开夜工建设新村，好不热闹。经过村民们的艰苦努力，至 1980 年底共建成学校、大礼堂、招待所、保健站及带有阳台的新楼房 33 幢、401 间，平屋 48 幢、597 间，人均住房面积达 29.2 平方米。这些房子的外墙、屋柱及台阶、道路等主要用四四方方的石块砌成，勤勇村也因此被称为“石头村”。

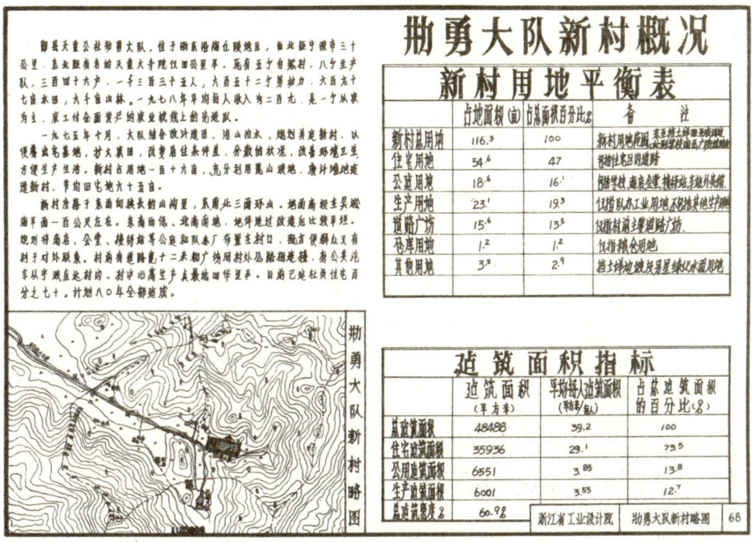

勤勇大队新村概况

勤勇新村设计极富前瞻性，村里设立了车站，宽阔的道路同村外公路相连接，公共汽车从宁波市区可以直达村内。当年，每天有三班公共汽车往返于宁波汽车东站和勤勇村，公共汽车停泊在凤仪门旁边，驾驶员和售票员住在村招待所。每天清晨 6 点多，早班车就从村里出发，载着村民到市区开会、做生意；下午 4 点，末班车带着大家回到村里。村庄内还特意配套一家早餐店，每天清早供应大饼、油条、豆浆等。在 20 世纪 80

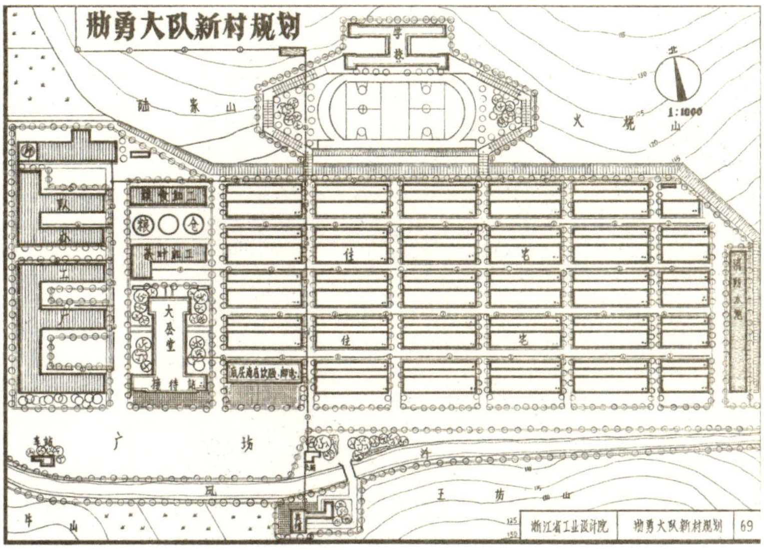

勤勇大队新村规划

年代初的农村，这相当于现在五星级酒店早茶的档次，当时被传为佳话。

在全面发展农林牧副工的同时，勤勇人精神文明和物质文明两手抓。早在20世纪80年代初，村里就制定了村规民约，用白纸黑字把大家共同认可的“规矩”写下来，作为标准和规范来治理和建设村庄。对违反村规民约的现象，村民互相监督，“拉拉袖子”及时提醒，及时纠正。1985年，勤勇村被评为全国文明村，是浙江省首个获得此项荣誉的村庄。到了1986年，勤勇村村民的人均收入达到1311元，成为当时全省闻名的富裕村。因为有着“工业学大庆、农业学大寨、浙江学勤勇”的影响力，勤勇村也被誉为最早的新农村建设典范。

从20世纪80年代末开始，勤勇村的发展速度逐渐减缓。2004年，勤勇村迎来了新时代建设的转折点，正式启动封山育林。2008年，作为鄞州区分散式生活污水处理试点村，勤勇村将生活污水全部纳入污水池中，被浙江省环保厅认定为样板工程。2013年底，勤勇村全面实施新农村建设，原有的铸造厂、电镀厂和畜牧场逐步关闭，同时建起了年糕加工厂、果酒厂，这些特产在当时小有名气。2016年，村里的民宿正式营业，并建造了酒吧等配套设施，吸引了大批来自上海、江苏等地的游客。2016年，勤勇村被认定为中国传统村落，以山、水、田、屋为依托，以艰苦创业的奋斗史为底色，以独特的“石头村”风貌为亮点，吸引了越来越多的游客前来“打卡”，每年游客数超过2万人次。据2022年底数据显示，村集体净资产3200万元，村集体经济收入300万元，人均可支配收入达5.2万元，百姓过上了幸福安康的日子。2023年，勤勇村入选浙江省第三批未来乡村创建名单，走上了旅游开发带动乡村振兴的“快车道”。未来，勤勇村将依托得天独厚的山水资源和丰厚的历史底蕴，利用“旅游+”“生态+”等模式，积极推进农业、林业与休闲旅游、文化、养生等产业深度融合，努力打造“一村一品”，发展独具特色的勤勇新样板。

学校改造的民宿

韩岭村

小桥湖水古宅　保护开发并行

溪水与湖水相遇，小桥与古建相伴，东钱湖镇韩岭村是典型的江南水乡。村里走出了中国第一位女留学生金雅妹，还有被称为“浙江卷烟业起始”的韩岭烟厂旧址。近年，随着韩岭老街的全新开放，每到节假日，古村游人如织，焕发勃勃生机。

韩岭村地处东钱湖南隅，村域面积 6 平方千米。古村三面环山，北面临湖，两条清澈的溪流穿村而过。村民在册约 700 户，户籍 1600 多人，外来人口 1000 多人，平时常住人口约 2000 人。据传，古时村中有一条取水的山道，先民为安全起见，在取水的溪井边围起护栏，于是取水的山道称为“韩岭道”，村庄因此得名(《说文解字》中有解释：韩，“井垣也”)。在唐宋时韩岭已经建村，南宋丞相史浩经韩岭时，曾作诗写道：“四明山水天下异，东湖景物尤佳致。…… 中有村墟号韩岭，渔歌樵斧声相参。”足见在 800 多年前，韩岭已小有名气。

韩岭村历史悠久，古迹丰富，融自然风光与人文景观于一体，2005 年入选宁波市首批十大历史文化名村，2019 年被评为省历史文化名村，2020 年 12 月入选浙江省第二批“千年古村落”地

韩岭村鸟瞰

名文化遗产名录，2022 年列入省未来乡村试点。位于韩岭村东南的庙沟后山坡上的石牌坊尤为珍贵，石牌坊约建于南宋至元代，2001 年 6 月，被国务院列为全国重点文物保护单位，堪称“鄞县年代最早、保存最完整的石牌坊”。牌坊采用鄞江“梅园石”建造，仿木结构，高 6.4 米，宽 3.4 米，二柱一间一楼，坐东向西，形态独特，古朴优美，工艺精湛。它的发现，为研究我国明代以前石牌坊文化提供了珍贵的实例，具有很高的历史和艺术价值。

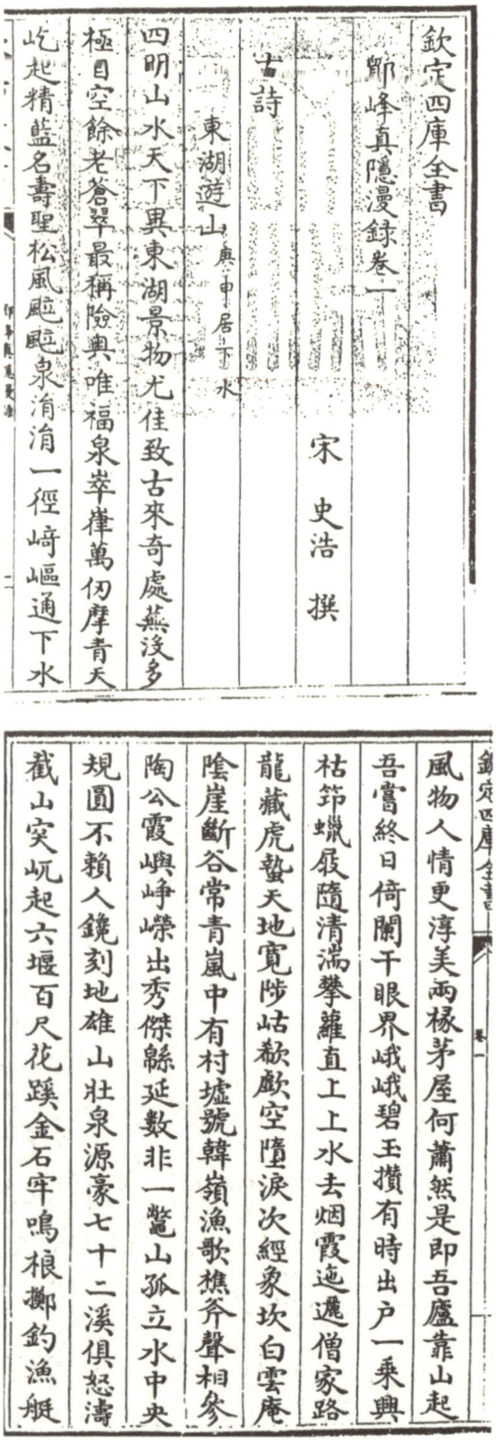
欽定四庫全書
鄮峰真隱漫録卷一
宋 史浩 撰
古詩
東湖遊山 與申居下水
四明山水天下異東湖景物尤佳致古來奇處蕪没多
極目空餘老蒼翠最稱險輿唯福泉崒嵂萬仞摩青天
屹起精藍名壽聖松風颾颾泉涓涓一徑崎嶇通下水
風物人情更淳美兩椽茅屋何蕭然是即吾廬靠山起
吾嘗終日倚闌干眼界峨峨碧玉攢有時出戶一乘輿
枯筇蠟屐隨清湍攀蘿直上上水去烟霞迤邐僧家路
龍藏虎蟄天地寬陟岵歈歔空墮淚次經象坎白雲庵
陰崖斷谷常青嵐中有村墟號韓嶺漁歌樵斧聲相參
陶公霞嶼崢嶸出秀傑綿延數非一鼇山孤立水中央
規圓不賴人鑱刻地雄山壯泉源豪七十二溪俱怒濤
截山突屼起六壇百尺花蹊金石牢鳴根擲釣漁艇

史浩《东湖游山》

旧时，韩岭老街集市逢农历五、十开市，远近乡民商客云集，街市兴旺，素有“小宁波”之誉。韩岭也成为连接鄞州区咸祥、瞻岐，奉化松岙等沿海乡村的重要枢纽。20 世纪中后叶，韩岭邮局邮戳仍以“韩岭市”钢印印签收发信函。上了年纪的村民回忆说，一直到 20 世纪 90 年代初，邮戳仍是“韩岭市”。2006 年，韩岭古村启动保护开发，主轴老街（原来叫前街）、水街（原来叫后街）修旧如旧，2019 年 10 月正式开街，吸引了四方游客，给村庄发展带来了良机。

老街保留了明清江南建筑的风貌，两边商铺林立，中间是一条清澈的小溪流。原来这是条暗溪，上面铺有石板，古村开发时改造为明溪，令老街更

庙沟后石牌坊

为灵动。明代兵部尚书金忠及其兄金华的宅第门楼故址——金氏门楼就位于老街上，两兄弟的宅地相邻，当地人称为上门楼和下门楼，两户大门上方各悬挂一块硬木匾额“金氏门楼”，历经风雨但字迹仍非常清晰，可以想见金氏家族当年的辉煌。

金氏门楼

老街往东行，穿过小巷，就到了水街。水街上有一座石拱桥——鉴湖桥，站在桥上，湖景、街景尽收眼底，取名“鉴湖”名副其实。20世纪七八十年代，著名油画大师沙耆曾在韩岭居住，他经常坐在桥边画画，这座桥的风姿多次出现在他的画作中。

鉴湖桥

水街上有不少百年以上的深宅大院。被称为“浙江卷烟业起始”的韩岭烟厂旧址就坐落在鉴湖桥西边。卷烟厂创始人金吟笙（1879—1939）是韩岭人，早年在上海南洋烟草公司当学徒，后又从事海上运输贸易。1921年，他回家乡韩岭创办卷烟厂，开启了宁波卷烟工业的历史，并走出了一条农村发展民族工业的道路。卷烟品牌主要有“金钩”“仙女”“老刀”等。1925年，烟厂从荷兰、英国商人处购得卷烟机械设备，自备八匹马力柴油机发电。生意兴旺时，年产卷烟万箱以上，工人达260人，还雇用女工包装卷烟，开村里妇女劳动就业的先河。烟厂还从国外引进烟草种子，鼓励村民种植，带动男女劳动力就业。烟草种植收入比其他作物高出三五倍，增加了村民收入，也促进了周边地区经济的繁荣。

韩岭卷烟厂

天生银楼

建于清朝的“天生银楼”，坐北朝南，前店后宅，主要经营金银首饰的回收与制作，是水衔保存最好的历史建筑之一。村里的文化礼堂展现了千年古街的特色，被评为浙江省五星级文化礼堂。而近年新建的韩岭美术馆，位居湖畔，由日本建筑大师隈研吾设计，屋宇层叠如山间堡垒，非常独特。建筑是凝固的音乐，石刻的历史，不同年代的建筑赋予了韩岭历史的厚重感，无声讲述着古村今昔。

如今，景区打造与古村保护同步进行，古老的韩岭焕发新姿，每逢节假日游人如织，高峰期日均客流五六万人。入夜后，古村流光溢彩，氛围灯勾勒出商铺的轮廓，点亮小桥流水。岸边凉风习习，成为人们消暑、休闲的好去处。

随着游客的增多，韩岭村建造停车场、建设旅游配套设施，既服务游客，又增加村集体经济的收入。出租村集体厂房也是村集体经济的来源。村里还成立了“田螺姑娘”志愿者队伍，数年如一日，及时清除旅游垃圾，服务景区。

展望未来，村里将升级改造可以移动的集市车租赁给村民，售卖村民种植的农产品，发挥村里手艺人的特长来制作特色美食和工艺品；引导村民开民宿、农家乐，并整合村集体房子进行商业出租。借力古村旅游人气，发展村级经济，增加村民收入，在共富的路上，让千年古村焕发出勃勃生机。

韩岭美术馆

上周村

“蝶神”故里　避暑胜地

古道边、溪坑滩，随处可见野花、蜻蜓、蝴蝶等，夏日里村庄绿意盎然，气温低于城区3—5℃，是个天然避暑胜地。鄞州区塘溪镇上周村如世外桃源般古朴恬静，获评浙江省历史文化名村和省特色旅游村，宁波市历史文化名村、市生态村，它还是著名昆虫学家周尧的故乡。

上周村又名上周岙，相传先祖周伏初于元至正二十六年（1366）从鄞西桃源乡（今海曙横街）迁来定居，至今已有650多年的历史。现村民多数姓周，另有林姓、徐姓等。几百年来，村民们守望相助，共建共居，和谐共处。村庄现有760多户，1770多人。村域面积2平方千米，山林资源非常丰富，共有林地7175亩，但耕地不到900亩，而且部分耕地远离村庄。最远的一块飞地在奉化松岙，两地虽然通过黄泥岭古道相连接，但是村民劳作往来很不方便，都承包给别人打理。

20世纪90年代开始，部分村民陆续搬迁到蛤山新村、横塘新村和堇周家园，这三个新村和上周老村组成了上周村。目前，上周老村常住人口400多人，拥有名人故居、古迹、古道、溪涧等丰富的旅游资源，吸引了城里的居民前来旅游、租住。到了夏季，村里更为热闹，很多家长带

上周村鸟瞰

周尧故居

着孩子来参观周尧故居，探究大自然。

上周老村四周群山环抱，梅溪源头从村中穿流而过，给宁静的山村带来灵气。老村地处梅溪水库上游，村口一座水泥大桥横跨溪坑，这座周村大桥是上周村的地标之一。靠近周村大桥的溪边有一排高耸挺拔的水杉，像在迎接宾客。四棵古老的枫杨树，枝繁叶茂，和村子相依相偎。民房倚山而建，沿着小溪两侧分布，高低不一，错落有致。村后山脊线上转动着一排风车，这是国家电网的风电工程，恰好成为山村优美的背景板。分布在溪流两侧的民居经过岁月浸染，粉墙斑驳，老墙上长满了青苔和杂草，特别有年代感。建在山坡上的房子层层叠叠，像是重庆洪崖洞的缩微版，和周边的山色相映衬，在晨曦、暮霭、雨雾中愈发秀美。

为了防山洪，溪边的水泥路架起高高的路基。原来溪两边是窄窄的石子路，现拓宽并改造为水泥路。约 2000 米长的溪上架有 7 座水泥桥，方便村民往来，也成了山村的一道风景。桥头边，三三两两的老人倚着栏杆。桥下，溪水在乱石间雀跃穿流，一丛丛黄花默默开在水边，溪边柏树、枫杨等老树顽强地生长着。

村口的宝庆庙也是村里地标，建筑雄伟，是鄞州区文物保护点。宝庆庙始建于清乾隆二十二

山村秋色

宝庆庙

年(1757)，重修于1921年。据清初甬上著名学者全祖望的《宝庆庙记》记载，该庙为纪念唐代保境安民的浙东观察使裴肃而建。裴肃领兵过鄞东境内秋毫无损，鄞东百姓感其功德，立庙祀之。宝庆庙飞檐翘角，雕梁画栋，非常精致。里面的戏台，藻井结构之精巧，雕刻工艺之精美，令人惊叹。戏台的边沿绘有色彩绚丽的凤凰图案，戏台的中间写着“引凤台”“古为鉴”。戏台左右和后面的板壁上，整整齐齐绘有岳飞抗金、三国故事等内容的小幅彩画。庙门口立有一块纪念碑，上面书写着“堇山红脉上周村农民协会旧址(1926.7—1928.2)”。1926年6月，宁波最早的农村党支部之一——沙村支部成立，上周岙农会负责人周焕(定焕)任支部宣传委员，他带领村民们开展轰轰烈烈的农会运动，留下的红色记忆激励着一代又一代的后人。

周氏宗祠和周氏民居也是上周老村的古建筑，均被列为宁波市历史建筑。周氏宗祠始建于明万历年间，局部为清代重修，现翻修后焕然一新。大堂里有两根高高的圆屋柱，据说是老祠堂留下来的，已有600年左右的历史。周氏民居建于清朝，属于围合式建筑，主体坐东朝西，这种朝向较为罕见，可能跟所处的地理位置有关系。老屋墙基用石头垒成，很多屋门前装有木制矮门，又叫腰门，高度1米多，主要用来防止鸡、狗进屋偷食，这种结构在鄞东传统建筑中较为常见。

梅溪周氏宗祠

上周村人杰地灵，世界著名昆虫学家周尧1912年出生于上周老村。周尧13岁时到咸祥球山书院读高小，之后到宁波、上海求学。1932年9月，周尧考入南通大学农学院。1936年，他留学意大利，攻读博士学位。抗战全面爆发，周尧毅然回国，投笔从戎。1939年6月，他受聘参加中英庚款委员会川康科学考察团，在四川西部

周尧在兰考前线

调查采集昆虫。11 月，周尧来到国立西北农学院任教授，从此扎根西北，毕生致力于昆虫学教学研究。共发表科学论著 250 多篇（册），其中重要著作有 30 多部。1978 年，周尧获全国科学大会奖，1979 年被评为“全国劳动模范”，1984 年当选圣马力诺共和国国际科学院院士，1995 年由香港亚洲农业发展基金会授予“亚洲农业杰出人士”称号并获金奖，2001 年获何梁何利基金科学与技术进步奖。2008 年 12 月 15 日，周尧逝世，享年 96 岁。

周尧故居是其少年时代生活的地方，现已成为浙江省文物保护单位。故居原为两间清代木结构建筑，后被山洪冲毁，民国时期重建。20 世纪 70 年代，周尧曾短暂回乡居住。2009 年，为纪念周尧，鄞州区政府在原址东复建五间两弄两厢房纪念性故居，内辟陈列室，展示周尧家世、生平事迹、科研成果和昆虫标本等，并有多位党和国家领导人，以及沙孟海、李振声等书法大家、科学家的墨宝陈列。东厢房展示着蝴蝶工艺画、蝴蝶标本、昆虫邮票等实物。西厢房复原其父辈传承耕读之风的私塾场景。周尧尚德励志的事迹激励着后人，家乡人民以周尧为傲。

周尧题写的“复兴中华”牌匾

周尧研究蝴蝶

上周村地处山区，耕地面积很少。旧时，村民只能靠着房前屋后的山林，砍伐竹木，挑着柴担翻山越岭讨生活，非常艰难。改革开放以后，村里陆续建立起橘子、茶叶、竹笋等农林特产基地，村民的生活渐渐有所改善。部分村民搬到山下的新村居住，有的办工厂，有的进厂务工，还有的搞起了第三产业，村民的收入有了更多的来源。

上周村得天独厚的自然环境和周尧故居是极为宝贵的文旅资源，村里正在选址建造文化礼堂，计划修建村停车场，依托附近几个村的旅游资源，共同开发优质乡村旅游项目，带动农产品销售，全面实现乡村振兴。

· 红色名村 ·

■ 这是中国共产党初创时期风雷激荡的红色土地，率先点燃了鄞州农民运动的星星之火，走出了一大批为党的事业奋斗终生的仁人志士。鄞州坚持以红色资源为依托，讲好红色故事，传承好红色基因，推动红色文化和产业振兴有效衔接，做好“红色 + 文旅 + 特色农业”等文章，让乡村振兴更多彩。

沙村村

红色之村　星火闪耀

中共沙村支部旧址

这个村庄诞生了宁波最早的农村党支部之一，还以“沙氏五杰”和传奇画家沙耆而闻名。鄞州区塘溪镇沙村山清水秀，历史悠久，是远近闻名的红色之村、文化之村，吸引了大批游客。2020 年，沙村被评为浙江省书法村，2022 年成为宁波市红色旅游教育基地。

沙村周围群山连绵，山势和缓起伏，形似巨大的笔架，梅溪自村前潺潺流过。以前，沙村名为“梅溪”，后因村民多数姓沙而改为“沙家”，沙村则是中华人民共和国成立后所改的村名。

村庄倚山而建，村里有很多起伏的坡道，一幢幢新式楼房自然分布。村口老樟树树龄已超 300 岁，枝繁叶茂，如华盖般遮阳蔽日，迎接各地的游客和归来的游子。1983 年秋，沙孟海先生

沙村村鸟瞰

1983年沙孟海返乡时在村口大樟树下留影

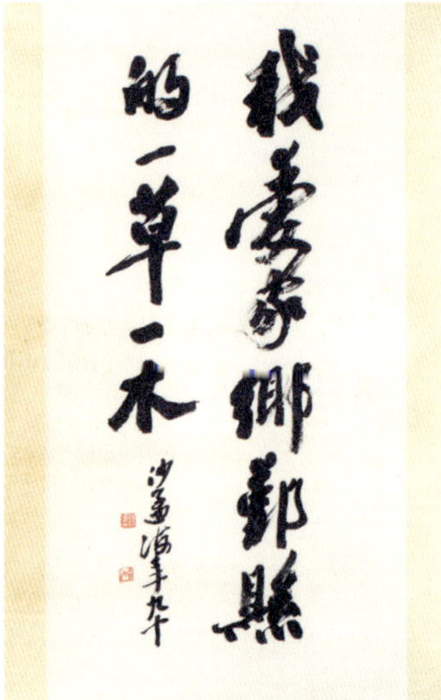

沙孟海书法作品

离开故乡30多年后首次回乡，特意在老樟树下拍照留念。沙老少小离家，对故乡的深情却从未割舍。20世纪七八十年代，传奇画家沙耆经常坐在老樟树下写生，画下了故乡的模样。村中心的一株圆柏树龄已经超过500年，枝条遒劲沧桑，针状叶子浓密，呈现出强劲的生命力。20世纪20年代，沙文汉在村里开展农会工作时，就站在这棵古树下，宣讲革命道理，号召乡民走上革命的道路。沙氏故居后院的一株银杏，如今已有百岁，长成了参天大树，这是沙文求烈士年少时所植。这三棵古树彰显着沙村厚重的历史底蕴。

沙氏故居

村后的山腰上矗立着石块砌成的纪念碑，上面书写着“宁波第一农村党支部革命旧址”。在风云激荡的20世纪20年代，小山村星火闪耀。1926年5月，中共沙村支部成立，沙文求为第一任书记，这是宁波地区最早的农村党支部之一。在沙村支部领导下，大嵩江两岸轰轰烈烈地开展了打倒土豪劣绅、取消苛捐杂税、反对封建迷信的革命斗争。革命烽火进一步扩展到鄞、奉两地。1927年5月19日，鄞、奉两地组织发动了“罗浦暴动”，打响了宁波地区中国共产党领导下的农民武装反对国民党反动派的第一枪。

堇山嵩水，源远流长。现为省级重点文物保护单位的沙氏故居始建于1899年，是沙孟海、沙文求、沙文汉、沙文威、沙文度一门五兄弟出生、居住过的地方。沙氏故居是一幢二进四开间砖木结构的旧式楼房，坐北朝南，建筑面积约420平方米。故居共有两层，重新修缮后，楼下皆作为主体陈列，依次陈列了大哥沙孟海、二弟沙文求、三弟沙文汉及其夫人陈修良、四弟沙文威、五弟沙文度的相关事迹。沙家兄弟互相扶持，互相鼓励，为中国人民的革命及解放事业做出了重大贡献，也为新中国的发展和建设做出了重大贡献。

沙孟海、沙文求、陈修良在若榴花屋合影

沙孟海，1900年6月出生，名文若，字孟海。1919年，沙孟海从浙江省立第四师范学校毕业后在镇海、鄞县任教。次年春开始，先后帮助弟弟们求学，还利用人脉积极斡旋协助革命工作。1922年，沙孟海赴上海，以教书和卖字维持家庭生计。位于上海江宁路715号的沙孟海故居，是两间平房，院中石榴花盛开，名曰“若榴花屋”。这里是当年沙氏兄弟、亲友欢聚的地方，也是掩护革命者秘密联络活动的场所。沙孟海曾任浙江大学和浙江美术学院教授、西泠印社社长、浙江省博物馆名誉馆长、中国书法家协会副主席等，是集书法家、篆刻家、金石学家、考古学家、教育家等多重身份于一身的大家。1992年4月，鄞县人民政府在东钱湖畔建立了“沙孟海书学院”，以弘扬沙孟海博大的书学精神。1992年10月10日，沙孟海在杭州逝世，享年92岁。

沙文求

1904年，沙文求在沙村出生。1925年冬，沙文求成了中国共产党光荣的一员。入党以后，宁波地委派他到沙村开展农民运动。1927年12月11日，广州起义打响了第一枪，沙文求以共青团广州市委委员身份兼任少年先锋队总队长、赤卫队中队长。1928 年 8 月，沙文求出任共青团广州市委秘书长，化名史永。为了寻找失散的同志，沙文求不幸被捕，受尽酷刑后牺牲，年仅 24 岁，安葬在黄花岗。

沙氏兄弟前赴后继投入革命事业，受二哥沙文求影响，沙文汉也加入了中国共产党。1926 年 7 月，沙文求调去广州，沙文汉接任沙村党支部书记，领导农会开展农民运动。1932 年 11 月，沙文汉与陈修良结成患难夫妻，携手开展革命工作。1945 年 8 月，日本侵略者投降后，沙文汉任华中分局城工部长，陈修良担任南京工作部部长。1946 年 4 月，陈修良任南京地下党市委书记。他们为解放战争的最后胜利做出了巨大贡献。1951 年，沙文汉当选为浙江省政府副主席。1954 年 12 月，由浙江省人民代表大会选举为浙江省省长。陈修良则担任上海市委组织部副部长、浙江省委宣传部部长。1964 年 1 月，沙文汉病逝，年仅 55 岁。1998 年 11 月，陈修良病逝。

沙文威

四弟沙文威，1910 年生于沙村。1949 年改名“史永”以纪念其二哥。1941 年，沙孟海托人介绍沙文威至中统局特种经济调查处工作，以利其从事情报活动。1949 年 2 月起，沙文威任中共南京市委统战部副部长、全国政协副秘书长等。1999 年 7 月在北京逝世。

沙文度

五弟沙文度又名沙季同，1912 年出生。1926 年沙文求回故乡搞农运时，14 岁的沙文度担任沙村农会干事，加入共青团。反动土豪勾结土匪，把沙文度抓去当人质，要沙母陈龄交出沙文汉，否则就把沙文度沉入水潭。消息传来，陈龄凛然应对，经人协调后，沙文度终被释放。之后，沙孟海把沙文度送到上海美术专科学校学画。1938 年经沙文威请示，沙文度获准前往延安鲁迅艺术学院工作。1942 年秋去世。

走出沙氏故居，穿过窄窄的弄堂，就到了沙耆故居“藜斋”。沙耆和沙孟海是同族堂兄弟。沙耆故居位于沙村，距离沙氏故居之东约 50 米，是一栋砖木结构二层楼房，坐北朝南，北面为后花园。1946 年，沙耆抱病回国后数十年一直蛰居于此，因而故居内有不少沙耆涂鸦手迹。沙耆故居一楼正厅挂有沙耆油画复制品，画作与他在塘溪的生活息息相关，是他点点滴滴生活片段的浓缩。旁边展厅介绍了沙耆的生平事迹和艺术成就。故居楼上以 1:1 比例复原了沙耆原本画在门板上的 11 幅油画。沙耆故居现为省级文物保护单位。

沙耆故居

沙耆 1914 年在沙村出生。1934 年，经沙孟海推荐，师从徐悲鸿学画。1937 年，自费前往比利时学画，因成绩优异，毕业时获“优秀美术金质奖章”两枚。沙耆在比利时钻研油画十年，画作与毕加索同台展出。油画《吹笛女》被比利时皇后伊丽莎白收藏。20 世纪 60 年代，在沙孟海主持下，整理出 70 多幅沙耆画作捐赠浙江省博物馆，使得沙耆一批油画精品得以保存下来。20 世纪 80 年代以后，沙耆画展接连在杭州、上海、北京三地成功举办。

沙耆被称为传奇画家，是中国现代油画史上一颗璀璨的星星。20 世纪 70 年代的塘溪，山水秀美，民风淳朴，犹如世外桃源。饱受精神疾病折磨的沙耆回到故乡，身心得到舒缓和放松。当时的农村，缺乏宣纸颜料，更没有油画材料，于是沙耆就地取材，用毛笔、旧报纸和糊窗户的白纸创作了一批乡村题材画作。他的笔下多是当时目之所及的日常场景、自然风景，像抬石头垒墙，搡艾草青团等劳动场面，以及双眼凉亭、沙家凉棚等如今已经消逝的景物。这些报纸画和白纸画温暖灵动，触及游人心灵深处的乡愁。

沙氏宗祠位于村庄中心，为区级文物保护单位，是沙村农会旧址。在沙氏宗祠展陈着沙村起源：沙村始建于南宋初期，先祖姓沙，名世坚，号沙丙，因护宋高宗南渡而牺牲。为表彰沙丙救

沙耆

沙耆水彩画《邹溪庙稻花会》

沙氏宗祠

驾之功，南宋皇帝赵构封其为定国公，安葬于五乡汇纤桥。其子孙尽孝守墓，暂居于五乡汇纤桥。后发现梅溪流经处有块安居乐业之地，三面环山，坐北朝南，遂迁居于此，距今已有近 900 年历史。如今沙村共有村民 1400 多人，受沙孟海、沙耆的影响，村里书画爱好者众多。

沙村有宁波第一农村党支部革命旧址群，包含沙氏故居、宁波第一农村党支部（农会）陈列馆、沙村农会（支部）旧址等红色景点，吸引了大批游客。未来，沙村将赓续红色血脉、擦亮红色品牌，打造具有示范意义的红色名村、人文名村、发展强村。重点打造“一心一轴七组团”的空间布局结构：“一心”指位于村庄居民点内部的综合服务中心。重点完善居民点公共服务配套和乡村旅游设施配套类型，提升综合服务质量。“一轴”指村庄联动发展轴，沿村庄对外主要道路打造村庄与周边村庄以及镇区联动发展的主要轴线，重点展示村庄主要特色形象和为对外联动发展的主轴线。“七组团”指环绕村庄的三片生态山林组团和梅溪水库生态涵养组团，以及村庄北部的综合文旅组团、东部的人文宜居组团和与之联动的生态农耕组团。

芦浦村

红色精神永耀　激励筑梦蓝海

咸祥镇芦浦村是鄞州区英雄烈士纪念馆所在地，著名的“罗浦暴动”就发生于此。芦浦村是个有着悠久历史的革命老区村，也是一个环境优美的古村。村里的航空飞行基地，吸引了大量游客，每到节假日更是人气爆棚。

近年来，芦浦村强化红色党建引领、依托蓝色产业支撑、坚持绿色生态发展，整村面貌发生了可喜的变化，先后获得浙江省红色根脉强基示范村、省美丽宜居示范村，宁波市五星级基层党组织等荣誉。

芦浦村由芦浦、竹头、乐家 3 个自然村组成，村域面积 6.67 平方千米，全村在册 632 户，村民 1600 多人，常住 500 多人。芦浦自然村村民以舒姓为主，舒姓先祖北宋初（960—976）从宁海县岭口迁入定居，后开枝散叶，至今已有千年历史。芦浦自然村原是一片芦苇荡，中间有一条江浦，故取名芦浦，因“芦”“罗”谐音，又名罗浦。作为千年古村，村里古树、古道、老屋浑然天成，随处可见高大遒劲的

鄞州区英雄烈士纪念馆

石门古道

老树，主要为香樟、沙朴和枫杨，鄞州区人民政府认证的古树就有12棵，树龄最长的有300多年。村里有5条古道，其中石门古道沿途溪水叮咚，巨石嶙峋，野花野草恣意生长，蜂蝶飞舞，野趣横生。而竹头和乐家两个自然村形成时间较晚。竹头村民多数姓杨，清嘉庆年间从镇海搬入；乐家村民主姓乐，乾隆年间从慈溪迁入。

村庄背山靠海，村民世世代代主要以捕鱼为生。近年来，芦浦村成为咸祥镇规模最大的南美白对虾养殖和梭子蟹育苗基地，每亩年利润两三万元。全村有150多户水产养殖户，渔业产值达5000万元。

红色资源是村里的宝贵财富。在芦浦自然村村口，可以看到一组醒目的石雕，群雕还原了“罗浦暴动”历史场景，以农民、渔民、盐民组成的农民军，高举农民协会大旗，持刀枪、操渔叉、举火把，正同仇敌忾与反动势力决一死战。纪念馆前身为鄞县革命史迹芦浦陈列室，重建后升格为鄞州区英雄烈士纪念馆。纪念馆广场占地7588平方米，广场中矗立着高19.27米的英雄烈士纪念碑，书写着“英雄烈士永垂不朽”八个金色大字。

水产养殖基地

舒氏宗祠

村里的舒氏宗祠坐西南朝东北，占地面积超 600 平方米，至今已有 400 多年历史。舒氏宗祠为芦浦农会旧址，现为鄞州区文物保护点，里面展陈着“罗浦暴动”相关资料文献，是鄞州区红色教育的重要阵地。当年，大咸乡（咸祥镇、瞻岐镇和塘溪镇三镇原称大咸乡）农民协会领导开展了声势浩大的农民运动，这座祠堂也成了大革命时期罗浦农会开展革命斗争和集会议事的主要场所。

舒定山、舒阿方、舒阿林被称为“罗浦三烈士”。舒定山，又名定三，清光绪十六年（1890）生于芦浦村。舒定山常为弱者仗义执言，主持公道，曾为芦浦小学教员。他与舒阿方一起带领罗浦农会会员参加攻打虾爬袋军阀税关和“罗浦暴动”。为救保人蒋达三，舒定山“自投”于国民党鄞县政府，以“匪首”罪被捕，受尽酷刑。1930 年 5 月牺牲于狱中，年仅 40 岁。舒阿方，又名国方，清光绪十八年（1892）生于芦浦村，家境窘困，在村里开了一家小店谋生。舒阿方为人豪爽仗义，乐于替人排忧解难。1928 年，舒阿方就义于宁波小校场，年仅 36 岁。舒阿林，名增辉，清光绪二十一年（1895）生于芦浦村。从小家境贫寒，生活艰苦，意志坚韧，踊跃参加罗浦农会发起的革命行动，是罗浦农会的重要骨干。1934 年牺牲于宁波北门狱中，年仅 39 岁。

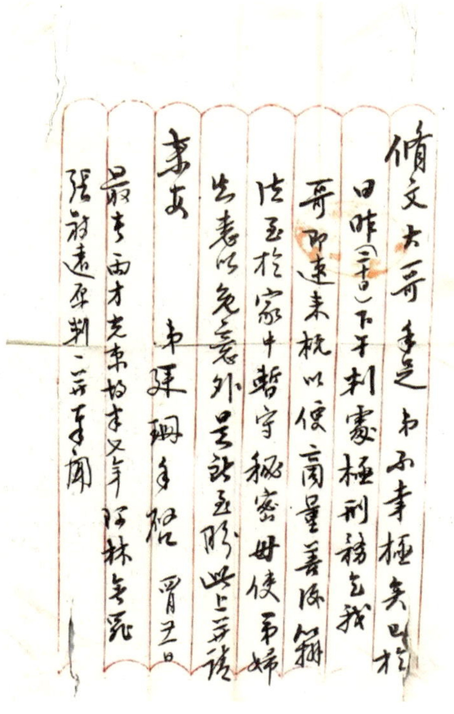
倩文大哥手足：弟不幸極矣，已於
日昨（二十日）下午判處極刑，務乞我
哥即速來杭，以便商量善後籌
法。至於家中暫守秘密，毋使弟婦
先[illegible]得知，免意外是所至盼。此上并請
事安　弟定珊手啓　[illegible]
[illegible]
[illegible]

舒定山烈士绝笔信

红色故事，感人肺腑，代代相传；革命精神，生生

中国咸祥航空飞行营地

不息，永放光芒。红色文化带动了村庄的发展。2018 年，省级美丽宜居示范村创建开展，芦浦村以完善公共设施、提升村容村貌、突出特色亮点、健全管理机制为重点，着力打造“环境更美好、村庄更美丽、住房更美居、生活更美满”的新时代农村风貌。借力“艺术振兴乡村”活动，村里邀请高校教师团队为村庄发展出谋划策，赋能村民，挖掘自然资源禀赋，推动村落传统历史文化与现当代城市文化进行碰撞、融合和发酵，让乡村充满艺术和活力。利用荒废的民居、没用的废料、旧物创意打造了大树下、芦浦驿站、溪谷入口等小景点，搭建公共空间设计感很强的乡村市集、说事长廊，与周边的山水融为一体。面朝大海的东方船厂旧址改造成为中国咸祥航空飞行营地，以发展航空运动为主，打造集运动、休闲、旅游等于一体的综合性航空飞行营地。

芦浦茶馆

未来，芦浦村将加快引入民宿、餐饮等业态，以红色历史文化作为主脉络打造集农业农产、旅居休养、文化体验、休闲户外、研学团建于一体的新一代乡村文旅综合体，将红色文化教育同青少年的生活场景、社会实践结合，让红色精神代代传承，放射出新的时代光芒。

岐化村

江畔红色古村　谱写文明新曲

瞻岐镇岐化村以“百家姓村”而出名，近年因大嵩江畔壮观的花海被屡屡刷屏，其百年前的红色革命故事更是鼓舞人心。这个红色古村谱写了一首壮丽的文明新曲，先后获得浙江省文明村、省善治示范村等荣誉。

岐化村原名虾爬袋，位于瞻岐镇西南角，村庄沿着大嵩江而建，隔江与鄞州区咸祥镇相望。滔滔大嵩江向东入海，奔流到岐化段向南折转，向东千余米后又折向北，流向呈“U”形。因这一段江面口子小、肚皮大，形状像一只捕虾的袋子，因而得名“虾爬袋”。20 世纪 50 年代，虾爬袋改名，取“瞻岐”的“岐”字，再取一个“化”字（宁波话“化”“虾”同音），故名“岐化”。

岐化村鸟瞰

村落最早形成于清乾隆年间。过去，岐化村沿江一带是一片茫茫的芦苇荡和蒲草滩。两百多年前，一些迫于生计的穷苦百姓陆续迁到这里。最早落户的是王姓家族。王家残存族谱记载：王姓于乾隆十六年(1751)，由今之塘溪镇的涨池岙迁居岐化，至今已有270多年。村北王家为全村地势最高处，能幸免水淹之灾。此后逃荒人口不断涌入，有从奉化、余姚、慈溪等地迁来，居住地从村北逐渐向南推进。先民们坚韧不拔，凭勤劳的双手开垦滩涂，逐渐换来了河塘环绕的“鱼米之乡”。

现岐化村户籍有540多户，人口1300多人，其中一半为外来租户。小小村落是个名副其实的“百家姓村”，2023年4月统计发现，村里共有95个姓氏，其中王、朱、蒋、房、霍等为大姓。

20世纪20年代，岐化村曾发生过在鄞州党史上占有重要地位的革命运动——攻打虾爬袋军阀税关。

1927年3月24日凌晨，在沙村党支部书记沙文汉、咸祥支部书记金绍勋、罗浦支部主要负责人舒定山的周密部署下，沙村、童村、上周、咸祥、球山和瞻岐农会等共计300多人，抬着自制的塞满火药的檀树大炮，手握朴刀、土枪等攻打虾爬袋税关。战斗持续到下午5时，胜利结束。此战告捷，威震鄞县和周边的奉化、象山各县，极大地鼓舞了农民的斗志，使群众看到了农民运动的力量，同时也为接下来的“罗浦暴动”奠定了坚实的基础。

历史上，岐化村以种田、晒盐、打蒲包为主业，村民收入微薄。

改革开放后，村经济得到了较快发展。岐化村靠海吃海，20世纪70—80年代，为了抓经济收入，成立了捕业队。后来，村里陆续发展了养蚌业、养鸭业，都小有名气。村里还通过出租工

金绍勋

当年农会使用的武器

岐化西瓜

村里的微景观

业厂房，引进多家企业，壮大村级集体经济。

近年来，岐化村出产的农产品成了市场新宠。岐化村的蒜苗特别粗壮，质地洁白似玉，口感脆甜，品质远远高于普通蒜苗，当地人称“玉蒜苗”。春节后抢先上市的玉蒜苗可以卖出 200 多元每千克的高价。2017 年以后，种植玉蒜苗的农户增加，种植面积 80 多亩。除了种植玉蒜苗，村里还种植了 200 多亩西瓜，海边沙地西瓜特别甜脆，吸引了大量回头客。为了助力农产品推广，

虾爬袋渡遗址

岐化村统一注册了“虾爬袋”商标。

多管齐下促经济，村容村貌换新颜。2008 年，村里开始改造农田，废弃橘园转变成了标准农田；接着着手进行新农村建设，拓宽道路、美化墙面、垃圾分类等措施让村容村貌得到改善；2015 年，在大嵩江边种植四叶草、向日葵等，把荒地改造成花海。春秋花海色彩缤纷，夏季绿叶郁郁葱葱，吸引了大批城里人前来观光；2022 年，岐化村对污水管道进行改造，并进行了弱电三网合并、“上改下”工程，不但清除了安全隐患，更是还了村庄一片清爽的蓝天。这些年，整个村庄的发展仿佛按下了加速键，以“微改造，精提升”的方式推进乡村生态化、景观化的有机更新，持续推进村庄环境综合整治。

通过美丽宜居村建设，村内已建成多个“打卡”点：攻打税关遗址，始建于清道光年间的岐化渡（虾爬袋渡）遗址，大嵩江边旖旎的花海基地……红色岐化凭借诸多网红元素频频“出圈”，迎来了越来越多的游客。

未来，岐化村将主推玉蒜苗和沙地西瓜，提升农产品的品质，增加亩均收入；依托红色旅游，通过提升农业生产、引进休闲旅游产业等途径，打造农旅融合的产业新图景，建设幸福宜居村。

横山村

忆千年烽火　兴百姓渔火

鄞州区咸祥镇横山村地处象山港畔，历来以海防重地和渔耕文化而出名，“烽火”与“渔舟”是这个村的标签。近年来，横山村深度挖掘海防文化和渔耕文化，着力打造“海防特色鲜明、渔事体验独特、乡土风情浓郁”的特色旅游村，获得全国综合减灾示范社区，浙江省卫生村、省民主法治村、省五星级文化礼堂、省 AAA 级景区村庄等荣誉。

因村南有横山，横山村就以山得名。村庄与奉化、北仑相邻，和象山县隔海相望。横山村下辖横山、外营、鲍家 3 个自然村。目前全村在册共 592 户，1449 人。横山自然村村民多数姓赵，明末从东吴镇迁来。外营自然村村民主姓郑，清雍正年间（1723—1735）从鄞南甲村迁来。鲍家自然村村民主姓鲍，明时自首南三桥鲍家迁来。横山村人杰地灵、贤达辈出，率先在全镇成立乡贤理事会，充分发挥乡贤模范示范作用。更有村民陈世堂、赵丽月夫妇将三儿一女培养成为博

横山村鸟瞰

士，一门四博士，佳话传四方。

从北仑洋沙山到咸祥鹰龙山，海岸线蜿蜒曲折，沿途为浅海和滩涂，难以登陆，唯有横山一带，船舰可直抵海岸，登陆即为平原。横山自然村地理位置十分重要，历来作为军事要塞，是兵家必争之地，宋时就有军队驻扎。明代起，横山成为抗倭的重要关塞。1938 年，为抵御日本侵略者，海岸上筑起了 6 个碉堡和 4 个地堡，并在海塘背面挖掘了曲线形或折线形的堑壕，部分防御工事遗存至今。为防日本侵略者空袭，还在背海的山体中挖筑了横山外营防空洞，洞宽 2.7 米，长约 24.5 米，可以容纳上百人。

横山山顶视野开阔，山顶烽火台始建于明代，属大嵩所前沿烽火台之一。整个烽火台用大小各异的乱石堆砌，台高 3 米，基座底边长 8.5 米，台面为 8 米见方的正方形，立面呈梯形，遇军情时可烧柴禾报信。20 世纪 50 年代，在原烽火台的基础上，改建海防瞭望台，一直沿用至 20 世纪 80 年代。烽火台、防空洞、碉堡等不同历史时期遗存下来的军事设施，保存较好，具有研究价值和纪念意义，是千年海防历史的见证，也见证了沿海军民抗敌的英勇史。

横山上古道纵横，连接众多海防遗迹，烽火台遗址为省级文物保护单位。现今山顶成了绝佳的观景台，晴朗天气，登高望远，海浪奔涌的象山港、美成调色板的成片养殖塘和咸祥镇全貌尽收眼底。村民在山顶建起了露营基地，早晨观日出，夜晚看星空，吸引了很多年轻人前来"打卡"。

2018 年起，横山村启动新村建设，村庄面貌焕然一新，环境优美，绿树成荫。长廊、凉亭、小桥等小型景观点缀村庄，还有部分木结构为主的祠堂、四合院等老建筑；河岸设置亲水步梯，打造滨河慢行步道；村民住宅多数独门独院，外墙通过海浪奔涌、撒网捕捞等渔村风貌的墙绘美

滨海景致

横山码头

化，凸显村庄的特色；村道边和村里的闲置地块都规划了停车位，有效解决了乱停车的问题。

倚靠象山港得天独厚的地理环境，村民从小就和大海打交道，在泥涂上摸鱼捉蟹，驾驶船只出海捕捞，渔舟文化源远流长。近年来，很多渔民转型为养殖户，横山村也成为咸祥镇重要的水产养殖基地，以海水围塘混养、淡水精养、土池育苗为主，盛产南美对虾、梭子蟹、蛏子等海产品。同时，海鲜养殖业吸引了年轻人来村里开办工作室，通过电商平台、直播带货等网络销售渠道，把梭子蟹、蛏子、虾干等海鲜及干货销往全国各地。村民还积极发展农家乐和民宿产业，办起了以象山港海鲜为主打的海鲜饭店，满足游客住宿和餐饮需求。

现在的横山村不仅“卖海鲜”，而且还“卖风景”。横山村结合村内山、田、海、渔等自然资源和防空洞、烽火台等历史资源，逐步开发利用，将党建、爱国主义教育、红色旅游与群众生活融合，着力打造集烽火、渔火、灯火于一体的“三火”品牌，全面提振村级旅游产业。村党总支建立起“烽火驿站”，打造红色志愿服务品牌，建立村民议事厅、调解室，让问题解决在基层，让矛盾化解在基层。此外，村里还常举行“横山论剑”——基层民主议事会，镇领导班子、村支部书记、党员群众汇聚一堂，共同为镇村发展出谋划策。横山村党员则自发成立“烽火守护者”志愿服务团队，建立“烽火驿站”服务点，定期清扫古道、清洁驿站，并在驿站准备了矿泉水、各类应急药品等，为前来旅游的游客和村民提供便利。

横山村围绕发展乡村旅游，不仅美了村庄，还富了钱袋。未来他们将结合红色资源、自然资源，深化“三火”品牌，持续催化美丽经济，为强村富民开拓共富路径。

金峨村

依托红色旅游　发展绿色产业

一个风光秀美的偏远山村，走出了一位永昭史册的革命人物——朱镜我烈士（1901—1941），他曾任新四军政治部宣传教育部部长，为抗日文化宣传工作和地方党组织的重建发展做出了重要贡献。如今，他的故乡横溪镇金峨村成为鄞州区文明建设、生态建设、环境保护的示范点，革命先烈的红色精神为乡村振兴注入不竭的动力。近年来，金峨村获浙江省红色美丽村庄、省民主法治村、省卫生村、省体育特色村等荣誉。

金峨村因近天台山余脉金峨山而得名，和奉化相邻。金峨村由金峨、田陇、朱家峰 3 个自然村组成，村域面积 2.5 平方千米，在册 545 户，1349 人，外来人口 450 多人，平时村里常住约 1200 人。其中金峨自然村形成最早，距今已有 500 年左右，潘姓是金峨村第一大姓，潘氏先祖于明嘉靖年间迁徙于此，开山辟地，筑地造屋，开始发族。

金峨村鸟瞰

金峨村风光

朱镜我烈士的家乡在朱家峰自然村。朱镜我党史教育基地在原朱镜我故居基础上扩建而成，占地面积约 6220 平方米。教育基地于 2021 年 7 月正式建成开放，以“堇山点朱、心如明镜、我将无我、为党为民”四个主题定位贯穿始终，主要分为入口总体印象区、主题纪念展览区、红色教育感悟区、主题纪念拓展区四大区域，包括朱镜我烈士纪念馆、镜我讲堂、镜园、雪纯亭（建于 1998 年，雪纯为烈士生前的曾用名）等。教育基地还原了朱镜我烈士以笔为刃的文化战士、学贯中西的新四军儒将形象，集中展现了朱镜我“为真理四处奔波宣传马列，誓抗日皖南突围捐躯祖国”的革命精神。

朱镜我，1901 年 3 月出生于朱家峰村，他先后考入宁波师范讲习所和宁波甲种工业学校，曾

雪纯亭

朱镜我塑像

留学日本。1927 年 10 月，为支持革命文学事业，他回到上海，主编《文化批判》和《新思潮》月刊。1928 年 5 月加入中国共产党。1929 年，中共中央文化工作委员会（简称"文委"）成立，朱镜我为文委成员，参与筹建中国左翼作家联盟。1931 年冬，朱镜我调到中共中央宣传部工作。1934 年秋，任中共上海中央局宣传部部长。1935 年 2 月被反动当局逮捕。1937 年 6 月，经党组织营救出狱。同年 9 月在家乡建立中共宁波临时特别支部，后发展为中共浙东临时特委，并负责建立中共浙江省临时工作委员会。朱镜我回到老家，将家产抵押，变卖 10 多亩土地，用作党和革命事业的活动经费。

1938 年春，朱镜我奉调到江西南昌新四军办事处和中共中央东南分局宣传部工作。同年秋到皖南新四军军部，任新四军政治部宣传教育部第一任部长，兼军部刊物《抗敌》杂志主编。朱镜我创作的《我们是战无不胜的铁军》一歌歌词，在新四军中广为流传。1941 年 1 月，朱镜我在皖南事变突围时壮烈跳崖，牺牲时年仅 40 岁。

烈士事迹感天动地。目前，朱镜我党史教育基地被评为浙江省青少年红色基因传承基地、宁波市导师帮带教学教育基地，成为开展红色主题教育的重要"打卡"地。作为鄞州著名的红色旅游村，现在金峨村的游客每年超过 1 万人次。

1939 年 7 月新四军第一次党代会主要负责人合影（后排右一为朱镜我）

红色旅游给村庄带来了人气，红色精神为乡村振兴发展注入不竭的动力。近年来，金峨村农旅逐渐闯出了独特的发展道路。金峨村海拔较高，山林资源丰富，空气清新，日夜温差大，气温常年低于平原地区。每年四五月份，浅红、深红等色泽鲜艳的高山杜鹃盛开，颇有“人间四月芳菲尽，深山杜鹃始盛开”的美丽，烂漫山花吸引大量游客前来赏花。

倚靠高山小气候，金峨村出产的农作物品质优秀。朱家峰“黄泥拱”笋脆嫩无比，“道成岙”西瓜（金峨村种植的山地西瓜）鲜甜多汁，这两大农产品在横溪、鄞州区，甚至宁波市都小有名气。花木种植也是村里的传统行业，田陇自然村是宁波市较早从事花木种植的村庄，现在主要种植樱花、梅花、羽毛枫等较受市场欢迎的品种。金峨村生态环境还非常适合中药材的种植，近年来，村里开始试种中草药。村经济合作社已经尝试培育灵芝，以此作为村集体经

灵芝基地的灵芝

村民售卖竹笋

济新的增长点。

为解决村庄面临的老龄人口多、产业单一等发展难题，金峨村通过红色引领向绿色发展，实现红色资源与党建联建，赋能乡村发展。2023 年 6 月，民生银行宁波分行和金峨村携手，在金峨村落成“红色金融共富实践基地”“清廉金融文化教育基地”“居家养老金融服务站”，以朱镜我党史教育基地为媒，加强与金峨村的党建、团建合作，并通过认领共富田的方式，为当地村民提供更多就业机会，增加农业收益。同时，村里加强厂房招租，引进符合乡村发展的企业，开辟村集体经济创收和村民就业的渠道。

未来，金峨村将以打造浙东民居样板村为契机，以红色旅游为依托，坚持发展效益农业，让特色农业强起来，增加村级经济和村民收入，实现乡村振兴。

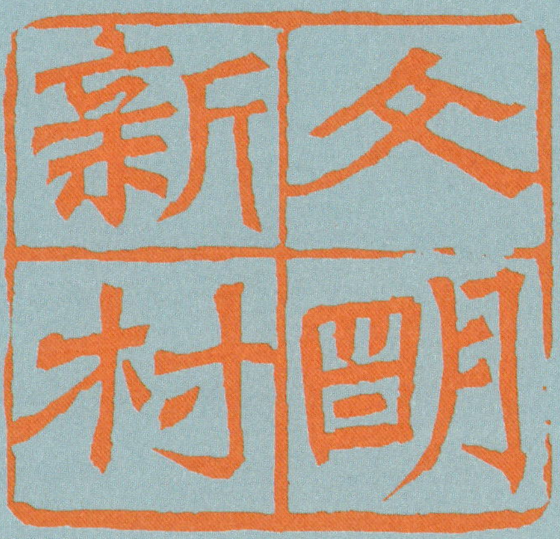

·文明新村·

■ 实现乡村有效治理是实现乡村振兴和共同富裕的重要内容。近年来，鄞州区坚持以党建引领乡村治理，深化共建共治共享理念，激活治理主体、搭建治理平台，创新推出了“书记一点通”、契约式治理、村官轮值、艺术赋能、大学小镇等系列做法，推动乡村治理走向精细化，让村民物质更富裕、精神更富有。

上李家村

致力绿色经济　创新社会治理

云龙镇上李家村面积仅 0.43 平方千米，人口不到 500 人，村庄虽小却屡获殊荣，非常了不起。1992 年，获得联合国授予的“全球五百佳国际环境保护村”称号，是宁波首获此殊荣的村庄。该村还获得了全国文明村、全国民主法治示范村、全国农村能源建设先进集体、全国造林绿化千佳村、全国妇联基层组织建设示范村及省级先进党组织、省示范村村委会、省全面小康建设示范村等十六项省级荣誉。

村庄坐落在田野阡陌间，是个鄞南平原上的花园村庄，周边河道纵横，村口拱形大门上写着“全球五百佳国际环境保护村”。村里柏油路四通八达，路边车辆停放整齐，一排排连体别墅错落有致，整个村庄绿树掩映，毫不逊色于市区的高档社区。

村门楼

上李家村鸟瞰

上李家在册户数只有200多家，村民不到500人，是个单一的李姓小村。据《四明李氏宗谱》记载，李氏远祖系出甘肃陇西，始祖公麟于宋元祐年间因避战乱，从甘肃临洮迁居奉化松岙。公麟第八世孙百部，于明洪武年间举家迁到鄞塘乡姜山里上里定居。发族后分居，居南为上李家，上李家村原名“上里”。上李家人有敢“跑”、敢“创”的传统，勇于“吃螃蟹”。从晚清起，村里很多青壮年跑到上海、宁波去经商办厂。进入20世纪50年代，上李家村探索立体循环农业，兴办村工厂，进行新村建设，持续不断地推动共同富裕，壮大集体经济，已成为物质文明、精神文明、政治文明、生态文明协调发展的新农村建设标杆。

20世纪50年代，上李家村被辟为甲村公社的良种场，打下了发展畜牧业的基础。80年代，上李家村畜牧场越办越红火，但猪粪、鸡粪所带来的环境污染却日趋严重。为此，时任村党支部书记李成表带队到上海学习先进经验，1988年10月，以猪粪为原料办起大型沼气工程。这是浙江省第一个村级沼气综合工程，被农业部授予全国农村能源建设先进集体称号。

猪粪通过发酵变成无公害肥料，产生的沼气成为村民烧饭、烧菜的燃料。这既发展了生态农业，也促使村容更加整洁。随后村里在村庄周围、河边、路旁、宅边等空地，种植水杉、香樟、广玉兰等树木和各种花卉，绿化村庄。1992年，上李家被评为全国绿化造林千佳村。真可谓“前人栽树后人乘凉”，当年种下的小树，现都长成合抱大树。

1992年3月25日，上李家村被联合国环境规划署授予“全球五百佳国际环境保护村”称号，并发布新闻公告。公告中有这样一段评语：“在过去十年中，上李家村在生态农业中作出了极大努力并最终成为该领域的一个范例。农业污染在那里已经大为减轻，目前该村正致力于发展高水平的与环境相协调的农林渔各业和工贸业。”

天道酬勤。1993年，村畜牧场实现年出栏肉猪5000头，盈利18万元，畜牧场成了全村人的聚宝盆。20世纪90年代初，村里开展立体农业研究，建立浙江省第一家立体种植养殖场，沟渠上架葡萄，水面放养鹅、鸭，水中养殖鱼、鳖、虾。

上李家村全方位打造绿色环保村，从2016年底起，村里就开始实行垃圾分类，当时还引进

环村河建设

老房子

了厨余垃圾分解机，机器开动就能变废为宝，厨余垃圾可以转化成肥料。2023年12月开始，村里建成垃圾分类投放站，一改实行了7年的上门收取垃圾模式，变成了如今的集中定时投放模式，安放四色分类垃圾桶，借助智能设备，隔绝臭味和蚊虫鼠蝇，语音提醒垃圾满溢，成功实现垃圾分类系统升级。

上李家村的工业从20世纪70年代起步。1976年，村里在祠堂里开办五金厂，因陋就简开始创业。1980年，首家村办印刷厂建立，后又陆续兴办彩印厂、胶印厂、制版厂等，形成以印刷业为主体的工业格局。从此，上李家村走上了农、工、贸综合协调发展道路。值得一提的是，1986年，村里创办职业技术学校和技术夜校（学制两年，连办四届，于1993年6月停办），积极鼓励村民进校读书，学技术，做有觉悟、有知识、有现代技术的新型农民。

2007年，牧场转制，村里利用空置场地新建标准厂房1.3万平方米用于出租，催生了一批新产业集群，为村集体经济发展奠定了基础。

工农业齐头并进的同时，村里一直未曾停滞对绿色环保经济的探索。2017年，上李家村引进了光伏发电项目，在总面积1.5万平方米工业区屋顶安装光伏发电设备，总装机容量1兆瓦，每年光伏发电量约100万千瓦时，成为鄞州区村级工业区光伏发电并网供电运行第一家。

光伏发电

到2022年底，村集体资金已积累了4600多万元，年集体经济自营收入达800万元，光伏发电、厂房出租、廉租房出租为村里主要经济

联排别墅

来源。村级经济不断发展为新村建设的稳步推进奠定了基础。早在 2008 年，上李家村就在全市首创“四统一联”（即统一规划、统一拆迁、统一配套、统一管理和联户自建）的新农村自建方式，村民可以全程参与并监督设计、施工质量等。旧村改造分期进行。2010 年，151 套靓丽的别墅建成。到目前，全村一共新建 340 套联排别墅和 140 套小高层住房，共 8 万多平方米。村里还建有文化礼堂、篮球场、羽毛球场等公共文体设施，每到夜晚或者休息日，运动场内热闹非凡，场外停满私家车。村里发放老人节日慰问、农保自费部分补贴、居家养老补贴等各项福利也逐步提升，村民的医疗、养老需求得到进一步保障。

经济发展也促进了社会治理水平的提高。2018 年，村党支部切实履行“有事找支部”的服务承诺，开通“书记一点通”热线电话，热线连着村民，时刻准备为群众服务。2019 年 5 月，上李家村率先在宁波市发布“村道德负面清单”，建立了村民道德评议、量化打分、激励褒奖、约束引导等机制，将村民道德积分与福利、荣誉挂钩，并且实行“时间银行”志愿者积分制度，对见义勇为、好人好事、志愿服务等进行加分，激励更多人向善而行。

未来，上李家村将继续秉持“经济建设是基础、新村建设是抓手、党建服务是保障、共同富裕是目标”的思路，筑牢共建共治共享理念，深耕绿色环保经济，在共富跑道上努力奋进，让村民精神更富有，物质更富裕。

村文化长廊

陆家堰村

坚持契约治理　打造乡村样板

没有丰富的自然资源，没有闻名遐迩的名人大腕，也没有富甲一方的明星企业，姜山镇陆家堰村本是个平凡村庄，默默栖身于鄞南平原，却以环境整洁、村庄和谐成为契约治理的乡村样板，在强村林立的鄞州区脱颖而出，令人刮目相看。

陆家堰村地处水系发达的鄞南平原，村庄周边都是生机勃勃的农田。陆家堰村辖许家桥、河南、河北、上郁 4 个自然村，共有户籍人口 800 多人。清时先祖从梁桥迁此发族。村民以吴氏、郁氏、许氏为主，因村边有堰，取名陆家堰。

九曲河绕村蜿蜒流过，村里河流交叉，广渡古桥、永兴古桥，方便两岸村民来往。永兴古桥已经拆迁，现为一座小小的水泥桥。广渡古桥位于村东边，连接南北，风姿依旧，是村里的地标之一。此桥建于清光绪年间，全长 23 米，宽 1.6 米，是一座二墩三孔石梁桥，桥面用九块长石条铺成。现为鄞州区文物保护点。广渡桥的北侧建有一座广渡亭，南面为广渡公园。

九曲河畔的一棵古香樟，也是村里的地标，已有 300 多年的树龄，树冠枝叶繁茂，像一顶巨大的伞，树干需要四五人才能环抱。

民居多数独门独户，村里非常干净，大小道路、绿化带、公园等处不见垃圾；弄堂的拐弯处或者河边空地，都种上花草树木，搭建砖瓦小景，显得灵动又有江南韵味。

陆家堰村远眺

广渡桥

陆家堰村已获得全国文明村镇，浙江省高标准农村生活垃圾分类示范村、省AAA级景区村庄、省美丽乡村特色精品村、省善治村等荣誉。一个小村庄屡获殊荣，跻身全国文明村行列，凝聚着全村党员干部和村民的不懈努力。

之前，陆家堰村班子软弱涣散，村民上访不断，村容村貌"脏乱差"，集体经济一穷二白，是个远近闻名的"烂摊子"。2015年是个分水岭。这一年，陆家堰村开展农村环境卫生整治行动，启动洁美家园建设、农村生活污水治理、生活垃圾分类等工作。村党员干部和村民代表集思广益，因地制宜，利用河边、桥边、边角地等进行绿化，建造亭子、长廊、矮墙等小景，并给旧墙绘新画，把旧轮胎、碎砖、破水缸等打造成花坛，村容村貌焕然一新。为了把垃圾分类日常化，村里组织了志愿者队伍，每人分片包干，上门指导如何分类。经过大家的努力，村民和租住户养成了垃圾分类的好习惯。

村庄变美了，还要让村庄更和谐，于是村委会开展了"六点半说事会"。开会时，村干部、村民代表、志愿者等畅所欲言，大家一起协商。村里大事、小事、棘手事都通过"说事会"来讨论并解决。大龄青年房、文化礼堂建设等民生工程，路口红绿灯设置、晒场浇筑等小型项目，文明养犬协议、门前卫生等涉及邻里和谐的问题，事无巨细都通过"说事"得到充分论证，最后有效解决。

村管理模式不断创新，建立志愿者队伍后又推出了"六长制"，村里的大马路有"路长"、小巷有"巷长"、公园有"园长"、停车场有"场长"、长廊有"廊长"、河道有"河长"。全村120名村民志愿者"走马上任"，除了做好日常保洁，他们还要负责"责任区"内的治安管理和村民矛盾调解。路灯坏了、河边有小孩玩水、邻里吵架等发生在村里的大小事情，"六长"们都会及时介入，妥善处置。

村庄风貌

多管齐下，增强了村民的责任心，大家也更有干劲了，村环境变得更加干净。陆家堰村常住人口 2000 余人，外来租房人口占半数以上，村里就开展“契约治理”来实施基层管理：首先，党员干部承诺践诺，他们严守“带头守护洁净家园、带头建设美丽乡村、带头开展志愿活动”等“十个带头”的“村干部公约”，接受村民监督。村里配备 4 辆“初心号党群连心车”，沿路捡拾运送垃圾，提高走村入巷的效率。其次，志愿者践行“奉献契约”，通过志愿行动带动其他村民踊跃成为志愿者，外来租户也加入进来，志愿者人数由最初的 8 人增加至 138 人。最后，全村人践行“生活契约”，大家自觉履行“村民承诺书”，包括垃圾分类、文明养犬、文明停车等规定，村里严格落实奖惩制度。全村垃圾分类率实现 100%，“洁美陆家堰”渐成品牌。

在村党支部的带领下，党员干部带头承诺践诺，村民集体参与出谋划策，以公平、公正、公开的决策取信于民，用长效机制确保村里大小事情及时跟进并彻底落实。“看起来人人被约束、到头来人人得实惠”的“契约治理”式乡村治理模式得到了大家的认可，籍籍无名的陆家堰村华丽转身为全国文明村、浙江省卫生村，村集体经济不断壮大，村庄治理成为样本。

党群连心车

作为浙江省 AAA 级景区村庄，陆家堰村河网交错，稻田一望无际，下一步，村里将结合水利和景观，进一步整治九曲河，增加休闲、运动设施，打造成乡村休闲新亮点，为村庄带来人气，增加村民收入。

三塘村

“绿雪”美如画　善治向未来

坐落于太白山麓千年古刹天童寺东首，毗邻天童国家森林公园，东吴镇三塘村山水美、人文美，通过全村同心求发展，走上了以“大学小镇”为引擎，以“绿韵三塘 · 善治未来”为定位的共富新路。

三塘村自古推崇慈孝节俭，近年来更是不断提升乡风文明程度，进一步打造美丽宜居和谐村庄，先后获评全国文明村，省民主法治村、省美丽宜居示范村、省首批红色根脉强基示范村、省第二批未来乡村等荣誉。三塘村青山环抱，古树参天，翠竹葱茏，空气清新。清光绪年间秀才陈允昌曾赋诗《村庄绿雪》：“四山潇潇竹千竿，拟把村庄作画看。尽日浓阴布满地，雪飞何处塑风

三塘村远眺

寒。”其诗盛赞三塘绿色，而这抹绿色，正是三塘村探索共富新路的重要基础。

陈哲垚

三塘开山之祖陈公实贵，于明万历年间自鄞南姜山迁来，定居三塘生息繁衍，因而三塘村村民多数姓陈。三塘村古称“三郎头”，据传是因为很久以前，先祖在村东的野猫坑涧水汇集处，先后挖出三只水塘用来蓄水，于是以“三塘村”为名，也有人称“三塘头”。后人因“塘”与“郎”谐音，讹传为“三郎头”。三塘村近代出过一位非常有名的乡贤——陈哲垚（1881—1940）。陈哲垚在上海经商，他乐善好施，造福故里，造桥梁、助宗祠，创办开林学校，启蒙三塘村文化教育，形成了一股重教好学的风气，如今开林小学的旧址仍在。

三塘村域面积 4.35 平方千米，分上三塘和下三塘 2 个自然村，村庄地处山谷，地形狭长，民居沿溪单边而建。户籍在册 562 户，1220 多人，常住 900 多人，60 周岁以上的老人占一半以上。小山村获得全国文明村等荣誉非常不容易，背后凝聚着全体村民日复一日的努力和付出。

早在 1996 年，三塘村就制定了《村民自治章程》，经三次重大修改，对议事决策、财务、土地、治安、环境卫生等管理工作逐一做出详细规定。在章程的指引下，村委会廉政勤政，村民自治各项工作一直开展得有声有色，广受村民赞誉。

气派整洁的民居

村庄是个大家庭，只有家家户户都参与，大家一起想办法，“百家心”变为“一条心”，才能把各项工作落实到实处。以前，村民们对乱扔垃圾、随意堆放杂物等行为习以为常。为改变环境，村里组织村民到先进村参观学习，通过“眼见为实”让大家真切感受到和先进村的差距。回来后，村民普遍反响强烈，心态也从“要我干”变“我要干”，开始自觉维护环境卫生。为了争创全国文明村，全村人劲往一处使，大家做好“门前三包”和垃圾分类，有的还摆上绿植和放置劳作工具的竹编“杂物舍”，用于美化家园。此外，村里还组建了“夕阳红”业余保洁队、巧手公益人志愿队、村史讲解志愿队、银巢图书志愿队等志愿服务队伍，注册志愿者近 300 人，每年开展志愿服务活动 50 余次。通过全村人的努力，三塘村在日复一日的微变化中逐渐蜕变为美丽山村。

近年来，三塘村党总支生动实践“党建 + 乡村振兴”战略，以“心党建・向未来”党建品牌为统领，总结提炼“四心四法”（即初心：三要三不要工作法；恒心：一点工作法；廉心：闭环工作法；合心：合伙人治理法）。三塘村重新布局整体空间，改造村级党群服务中心，整合优化党建活动室、数字治理平台、“一站式”服务窗口等功能单元；新建“未来・家”客厅，打造集游客导览、直播带货、“甬爱 E 家”、名师工作室等功能于一体的党建阵地；打造数字党建、防灾减灾、数字健康等特色板块，构建党建引领下共建共治共享的乡村治理新格局。

利用毗邻天童禅寺、天童老街的区位优势，三塘村借助社会资源，通过多项举措持续推进产业振兴。如通过土地流转盘活乡村资源，打造乡村农业公园，引进第三方运营单位，与“未来・家”客厅、乡村会客厅、拾光生态谷等有机结合，打造集研学、观光、住宿等项目于一体的乡村农旅产业。加快引进乡村产业人才，聚焦村民、乡贤和新三塘人，推行“合伙人”治理法助力乡村发展。依托东吴镇“大学小镇”党建联建，邀请陈剑平院士等高层次专家入驻三塘村，建设中国乡村政策与实践研究员千村观察点，为村庄建设发展出谋划策。推动农业产业创新壮大，培育小

“未来・家”客厅

最美步道

白西瓜、天童禅米等特色农产品，不断带动群众致富。构建“天童景区＋村集体＋农户”的发展模式，在天童景区设置智慧停车场，引导村民发展民宿和农家乐，设置“共富摊位”，解决部分村民就业。2022 年，三塘村集体总收入达 547.4 万元。

随着三塘村的不断发展，乡村品质不断改善，村民生活质量不断提升。如通过建设美丽庭院、改造田间道路、打造景观田园、开展垃圾分类等途径，全方位改善乡村环境。利用村里小广场、闲置角落等空地，建设公共停车场 6 个、停车位 1000 余个，新能源汽车充电设施 10 处，户均停车位达到 1.8 个，适应新时代村民的生活需求。积极构建村民游客集散中心网络建设，设有公交总站，可直达地铁站、市区，实现城乡一体公交网络覆盖到村。新建居家养老服务中心，建设老年学堂，新建乡村智慧健身房，设置乡村托育点和留守儿童之家等，不断织密“一老一小”社会保障和服务安全网络。

未来，三塘村将牢牢树立绿色价值取向，以“绿韵三塘 · 善治未来”为定位，以“大学小镇”为发展新引擎，继续奋力推动和美乡村建设，全力打造现代版村域“富春山居图”。

村口景观

明伦村

传承敦厚民风　创设“轮值村官”

五乡镇明伦村于 2014 年 3 月起，试行“轮值村官”制，“轮值村官”由党员、村民代表轮流担任，让村民参与基层自治。在全体党员干部和村民们坚持不懈的努力下，明伦村先后被授予全国民主法治示范村，全国综合减灾示范社区，浙江省全面小康建设示范村、省红色根脉强基示范村、省文明村、省卫生村、省交通安全示范村、省五好农村基层党组织、省五好村支部、省基层党建工作示范点、省新时代枫桥式退役军人服务站等荣誉。

明伦村位于宁波市鄞州区的东部，萧甬铁路、轻轨一号线和 329 国道穿村而过，风景秀丽，交通便捷，从宝幢地铁站步行 5 分钟即可到达，辖区内有千年古刹阿育王寺，又有战略性新兴产业群 —— 中车宁波产业基地。明伦村村域面积 2.7 平方千米，现在册户籍人口 427 户，共 1032

明伦村鸟瞰

明伦新村

人。2022 年村集体收入 1668 万元，净资产 3102 万元。村里，道路宽阔干净，一排排别墅有着现代气息，又不乏田园之趣。明伦村是鄞州区第一批开展新农村建设的村庄，2004 年就获评第一批省级全面小康建设示范村。现如今明伦村已形成“干部团结，干群融洽，村民齐心，村美民富”的新局面。

明伦村旧貌

因地处太白山脚，祖祖辈辈居住的老房子，高高低低，朝向不一，一下雨容易渗漏。很多村民期盼能改善居住条件。在改革大潮的推动下，明伦村经济快速发展。2001 年起，明伦村新农村建设工程正式实施。

经过 20 多年的努力，村里已基本完成旧村改造和新村建设，共计建造新房 500 余套（以联排房、复式楼为主），总建筑面积达 7 万平方米。新村建设高起点、高标准，道路、绿化、下水道、污水管道、天然气管道等附属工程全面稳步推进。村里还投资近 700 万元新建了村文化礼堂，村民业余文化生活又多了一个好去处。

明伦村村口

“明伦”牌匾

因张姓村民居多，明伦村也称“张家”。以前，张氏祠堂内悬挂写有“明伦”两字的牌匾，祠堂叫“明伦堂”，村庄也因此得名。“明”为明辨是非，“伦”指道德至上，这两字蕴含张氏先祖对个人行为准则的深层理解和期望。自宋以来，族人如发生矛盾，双方就在明伦堂当堂陈词，由族中德高望重者裁明是非。明伦堂已不复存在，而村名留存至今，“明辨事理　尊崇伦常”的敦厚民风也得到传承和发扬。村民之间相通相融，相调相适，公序良俗化解邻里矛盾，基层治理不断创新。

1996 年，明伦村探索并实行村务、财务“两公开”，村干部给群众讲明白事、交明白账，并通过村民代表大会保障村民知情权、参与权、决策权和监督权得到“四落实”。村里的大大小小工程做到民主决策，由民做主、让民得利，村干部负责组织、服务和监督。村民的参与意识由此进一步提高，旧村改造等项目得以顺利推进。

为让村民参与基层自治，2014 年 3 月起，明伦村试行“轮值村官”制。“轮值村官”由党员、村民代表轮流担任，监督在职村干部，全程参与一天中所有村级事务活动，沉浸式参与当村干部的酸甜苦辣。“轮值村官”到村里转转，找村民谈谈，成为村干部与村民交流的桥梁，也充分调动村民和党员参与村级事务管理的积极性。同时把“三清单”作为村级事务运行指导手册，办事有依据、监督有对照，村里的矛盾不出村都能处理妥当。在全体党员干部和村民们坚持不懈的努力下，明伦村成为全国有名的乡村全域治理工作先进标杆。2020 年初，在“轮值村官”制的基础上，明伦村创新推出退役军人服务站“轮值站长”制度，有力促进了服务站向“退役军人之家”转变，“轮值站长”制度获退役军人事务部肯定，在全省推广。

明伦村基层治理不断创新，产业经济特色鲜明，经济收入主要来自育王公墓。这个公墓始建于 1958 年，经过村里三代人 60 多年的坚守，无论承包人还是参与者，都在墓园洒下了辛勤的汗水。大家出谋划策，拓展提升公墓的档次，积极开展生态墓园建设，倡导文明祭扫。经济收入的另一来源是村里的厂房出租及土地租赁等。近年来，五乡镇规划打造小镇客厅，其中涉及明伦村的村级留用地，将建设展馆等生活配套设施，这样一来，明伦村集体经济将进一步壮大。

展望未来，明伦村将做深“轮值村官”基层治理模式，全面推进农村“三治融合”，倡导社会新风尚；建设美丽乡村，将阿育王寺、宝幢老街和中车宁波产业基地串点成线，打造美丽乡村风景线。

宁波轨道交通 3 号线首列车下线

周夹村

古道聚人气　夹岙披金装

很多人了解横溪镇周夹村，都是从亭溪岭和松石岭这两条古道开始的。从前，这是村民劳动生活必经的通道，而现在越来越多的城里人来此寻古探幽，登山健身，周夹村也从一穷二白的落后村逐步变成了民富村美的花园村，“破夹岙”成功变身为“金夹岙”。

近年来，周夹村以乡村旅游为抓手，通过环境综合整治、美丽乡村建设，取得显著成绩，先后获得全国民主法制示范村，浙江省未来乡村、省新时代枫桥式退役军人服务站、省全面小康建设示范村、省文明村、省卫生村、省森林村庄、省 AAA 级旅游村等荣誉。

周夹村曾名周夹岙，东临东钱湖，西接横溪镇区，村域面积 2.5 平方千米，地形狭长，辖周夹、梅胜 2 个自然村。在册 440 户，1146 人，外来人口 2000 多人。周夹村村民现在以张、王两姓为主，最早住民以周姓为主。清代时，周姓族人为避洪水，从酒埕岩下周家立（又称周家舫）搬至地势较高的周夹岙，因地处山岙，以姓和岙合称周夹岙，简称周夹。而梅胜自然村，又名小田岙，是梅岭山上的一个小山村，现村民大多搬迁至周夹村及其他地方。

周夹村鸟瞰

村庄依山傍水，风景秀丽，坐拥亭溪岭和松石岭古道，每年有 10 万多人次前来游玩。古道带来的人气，让这个小村庄久负盛名。

过去，周夹村经济薄弱，被叫作“破夹岙”。村里房屋破旧，路是烂泥路，每逢下雨天，到处是泥。2000 年以来，村里充分发挥地域和资源优势，以厂房出租、旅游产业、特色农业为主业，大力发展集体经济。因紧靠横溪镇中心，交通便捷，村里大力引进工业企业，通过厂房出租、土地出租等途径，壮大集体经济。以亭溪岭古道保护开发为契机，全力盘活古道资源，发展集观光、休闲、健身于一体的农村旅游业。2017 年，村里在古道边搭建交易木屋，引导村民制作、售卖笋干等特色农产品，提高村民收入。村里还调整农业产业结构，因地制宜发展以杨梅、花卉为主体的特色农业经济，带动村民提高经济收入。

随着村集体经济的发展，村里对基础设施的投入逐年加大，升级改造了村游客服务中心、公园、道路、绿化景观、石牌楼、观光亭、健身道等配套设施，村容村貌焕然一新。改变最大的还是村民的居住条件，2006 年村里开始进行新村建设，先后建造了藤溪小区、藤溪花园，其中部分为大龄青年房；并鼓励村民联户自建，改建危房，统一改建成具有江南传统古建特色的别墅，大大改善了村民的居住条件。现在的周夹村，村民住房崭新，柏油马路宽敞，村容村貌整体有序。

游客攀登亭溪岭古道

前些年，村集体经济年收入只有 30 万元，这对一个人口上千的村庄来说，捉襟见肘，入不敷出，连维持村里正常开支都不够。在村党组织的带领下，周夹村励精图治，现在村集体经济年收入已达 400 万元，实现了质的飞越。

森林公园跳健身操

近年来，周夹村党支部以亭溪岭下的党建公园为依托，创新推出“四周”党建工作法，即周知——村务运行阳光公开；周到——党建联建惠民便民；周密——思想教育全域覆盖；周严——红色细胞凝心聚力。“四周”工作法将周夹村的村委会“每周例会”制度、“你说我办”村民说事制度、“三清单”运行法、古道党建联建、退伍军人党员服务等特色党建工作进行整合，成为村庄发展的新动能。

在推进“德治示范村”建设的过程中，周夹村善于搭建平台，不断创新载体。村里的“老娘舅”——“五老”（有威望的村老干部、老工商干部、老企业家、退伍老兵、老农民等）定期“坐堂”说事评事，评选本村道德先进典型，纠正不正之风，化解邻里纠纷，比如建房、小弄堂归属权等引发的各种纠纷，推动村里尊老爱幼、家庭和睦氛围的形成。村里发起古道保护开发爱心结对，列出古道发展结对项目清单，吸引广大村民和志愿者团队积极投入古道的垃圾清理、坑洞维修、茶水供应、登山杖借用及环道开发中来。周夹村“古道红马甲”品牌志愿团队，长期开展古道保洁美容服务，为守护家园尽心尽力。

党建引领下，周夹村以古道开发为先导，不断推进乡村振兴发展，将民宿、民俗、民食等业

民宿

周夹村夜景

态融合发展，村域及古道周边建造了 18 家民宿，可以同时容纳 1800 多人就餐，近 600 人住宿，每年接待游客 10 余万人次，古道已经是周夹村的“聚宝盆”。2020 年 3 月，周夹村入选第二批省级农村引领型社区。

对于未来，周夹人信心满满，将继续践行“绿水青山就是金山银山”的发展理念，完善共富产业链，联合周边村庄，整合古道等旅游资源，建设夜景工程，做大做强精品农业，努力打造乡村旅游新样板，带动村民共同致富。

城杨村

探索艺术赋能　助力乡村振兴

时光流转，一棵千年古银杏守护着一个千年古村。2020 年，这个村庄和中国人民大学艺术学院丛志强教授团队相遇，携手探索艺术赋能振兴乡村。从此，东钱湖镇城杨村快速走上乡村振兴之路，成为远近闻名的网红村，先后获得浙江省文明村、省生态村、省 AAA 级旅游景区村庄、省五星级基层党支部、省美丽乡村示范点等荣誉称号，偏僻山村华丽变身为“山水栖居、养生福地”的生态城杨、诗画城杨、宜居城杨。

城杨村位于东钱湖南翼，环村皆山，竹木茂盛，山清水秀，自然资源非常优越，和横溪镇周夹村隔山为邻。亭溪岭的东边就是城杨村，亭溪穿村而过。城杨村由陈夹岙、杨家 2 个自然村组成，村域面积约 3.47 平方千米。

村庄拥有千年历史。据记载，公元 907 年，朱温灭唐建梁（史称后梁），乐安侯孙郃不愿追随朱温，隐居白云山。孙郃委派陈姓人家居住于他所选墓地近旁，以便日后为他守墓。陈氏守墓人

城杨村鸟瞰

老人与墙绘

居住的山岙因此取名为陈家岙，又名陈夹岙。后因越来越多的杨姓人家也在陈夹岙附近居住，于是改名为陈杨村，中华人民共和国成立后，取谐音为城杨村。现在，村内有陈、杨、俞、陆等姓。

至 2023 年 8 月，全村在册 364 户，约 900 人，80 周岁以上的老人有近 50 位。村里空气好，水质好，夏天平均气温比市区低三四摄氏度，是个宜居的长寿村。目前村里常住 500 多人，包括本村村民、租户、打工人员等。

旧时，城杨经济发展缓慢，村民多数务农，经济收入主要靠山林竹木和水稻种植。20 世纪六七十年代，村里创办了五金厂、麻纺厂等，为集体经济的积累与发展打下了基础。改革开放后，村里也发展了部分民营企业，但因交通等因素的制约，村民富起来的进度较慢。

机缘巧合，2020 年，中国人民大学艺术学院丛志强教授团队来到了城杨村，在丛教授团队的指导下，回归的村民成为乡村振兴的主体。村里的十多名工匠一起动手，因地制宜，就地取材，开展艺术赋能振兴乡村的全新实践。安置在村口的巨型“农夫草帽”，直径 6 米，用 750 多千克毛竹制作而成，扎上红色飘带，是古村的标志之一，由村里花甲之年的老篾匠俞振飞和 2 名村民用时 2 个月制作而成。俞振飞还手把手教城里来的学生竹编。以前村民堆放杂物及建筑垃圾的地

巨型蒸笼景观

城杨村大会堂

千年古银杏

方，整改后打造成传统的八卦图形，并引入了亭溪水，成为村里一景，名为“人大源”，意在感谢中国人民大学艺术学院丛志强教授团队的帮助。

在团队的帮助下，荒废的猪圈、杂物间等被打理成了粉墙黑瓦的院落，陈列村民们和东钱湖镇上热心人捐赠的老物件。作为研学基地，这个院落被命名为“爷爷家的宝贝”，让孩子们看看以前的生活场景，给成年人带来童年回忆。路边的隔离栏、矮墙等用废弃的砖块砌出各种造型；以前无处安放的大小瓦缸，用来种植花草或者彩绘后改良成装饰品；溪坑滩上的卵石，捡来当作装饰品……在丛教授团队的指导下，村民齐心协力，变废为宝，村庄面貌焕然一新。

村里的角角落落都精心改造，而原有的格局和主要建筑基本保持原貌。始建于1973年的大会堂已入选第二批宁波市历史建筑推荐名录，现作为城杨村文化礼堂，陈列着村史，是全村公共文化中心。村里的百人笑脸墙，记录了村民们劳作时的笑脸，砌墙、锯木板、挖笋、摘葡萄、晒谷、洗菜……每一帧都是活色生香的城

水上音乐会

杨生活，他们笑容舒心，参与、见证了城杨村的变化。

后坡上的一棵千年古银杏树是全村的宝贝，树高 30 多米，直径 1.8 米，两三个成年人都环抱不过来。据传，这棵古树栽种于五代后梁年间，距今已有 1000 多年。为了更好地保护古树，村里拆除了古树旁边的 9 间民房，专门开辟了绿地，建造了亭子。每到深秋，金黄色的银杏叶铺天盖地，银杏树下便会挤满游客，穿汉服拍照、拍视频的姑娘们络绎不绝，村里热闹非凡。

休闲酒吧

2021 年城杨村改造完成后，乡村变美的同时留住了乡愁和乡情，不少宁波市区的居民来村里租住，钓鱼、种菜或建立工作室进行文艺创作。目前登记的租户有 150 多人，共租赁村民房子 50 多套。平时经常有一些中老年人特意乘坐公交车来村里购买竹笋、毛豆等当天采摘的农产品。到了双休日和暑假，年轻的父母亲带着孩子来露营、游玩，小溪边、大树下、山坡上 …… 村里满是游玩的人群。

艺术赋能乡村，给城杨村带来了人气，带动了村里经济的发展。随着游客、租户的日益增多，村里的服务行业从过去单一的杂货店变得更为丰富起来，现有七八家农家乐，还出现了甜品店、酒吧等。

未来，城杨村将继续提升村庄环境品质，用艺术赋能农业产业，联合周边村庄一体化打造旅游线路，做大农旅蛋糕，吸引更多的游客、租户、商家来到城杨，让古老的城杨更富、更美。

廊桥

· 现代社区 ·

■ 鄞州区紧盯现代社区建设“舒心、省心、暖心、安心、放心”幸福共同体的目标，在高质量发展、高标准服务、高品质生活、高效能治理、高水平安全等多方面发力，建设“红网格”“红管家”等党建品牌，打造“一老一小”、共富工坊、共享客厅、社区企业等场景，持续探索现代社区建设“鄞州解法”，致力于打造人民幸福美好家园。

划船社区

众人齐心共建　打造和美名片

社区旧照（一）

社区旧照（二）

百丈街道划船社区的“俞复玲 365 社区服务工作法”屡次获得国家级荣誉，2019 年 6 月，划船未来社区试点创建项目入选浙江省首批未来社区创建名单，并于 2020 年 12 月正式启动试点建设。目前，居民已全部搬离，不过国家级的社区工作法不会离场，“居民搬到哪里，我们的服务就跟到哪里”。在拆迁过渡时期，划船社区边摸索边创新，开拓社区服务新路子。

划船社区于 2001 年成立，2003 年 7 月成立了宁波市第一家社区党委。区域内的居民楼、办公房等多数建于 20 世纪 80 年代，建筑老化严重。辖区面积 0.19 平方千米，共有楼房 104 幢，墙门 275 个，住户 3891 户，居民 10420 人。目前户籍人口仍有 6000 多人。“众人划桨开大船”，划船人

划船社区全景（拆迁前）

坚持敢为人先，创出了许多具有划船特色的服务项目，划船社区先后获得全国先进基层党组织、全国文明社区、全国民主法治示范社区等 20 多项国家级荣誉称号。

在拆迁之前，划船社区秉承“众人划船、共建和谐”的社区精神和“有事来找我”的治理理念，全面推行居家养老、墙门文化及“10 分钟服务圈”。坚持以党建为龙头，涌现了“阳光八号”“七彩人生”等一批特色服务品牌。应对居民不断变化的个性化需求，社区又创新了“家院互融”居家养老新模式，为老人无偿或低价提供日托、上门送餐、医疗保健等服务。建起了“梦工坊助残服务中心”，开设来料加工、“金手指”缝纫等项目，使残疾人自食其力，引导他们融入社会。在这里，“面条女孩”站起来了，自闭症男孩变得开朗。针对失业、贫困、青少年、外来务工、矫正归正等特殊群体，分别成立了“为民活页社”“爱心超市”“四点钟学校”“新宁波人之家”“天音矫正工作室”等，为他们提供针对性服务。多年来，社区坚持在发展传承文化与培育原创草根文化的同时，着力打造社区“和美文化”名片，组建了社区红石榴艺术团，由舞蹈队、戏曲队、拉丁舞队等 18 支业余文化团队组成，成员近千名。艺术团通过对社区中的典型人物、感人事迹采风，创编优秀作品，用文艺的方式更为生动地教育人、感染人。

以党的十八大代表、鄞州区百丈街道划船社区原党委书记俞复玲为代表的社工团队，秉承时时处处为民服务的理念，在实践中摸索总结出“俞复玲 365 社区服务工作法”。工作法包括两层含义：一是倡导全年 365 天时时处处为社区居民提供快速、便捷、精细化服务；二是内容包括“三联”“六服务”“五机制”，涵盖建强服务队伍、创新服务方式、优化服务规程三个方面。推行“三联”，分别是社工联勤、党员联动和志愿联盟，建强服务队伍、增强服务合力；开展“六服务”，拓展服务内涵、创新服务方式，内容包括区域党建服务、综合便民服务、智慧信息服务、社会公益服务、特色精细服务和共享文化服务；建立“五机制”，优化服务规程、提升服务效能，分为民情

俞复玲党代表工作室

居民演唱“社区公约之歌”

喜迎党的十八大党员群众绣红旗

收集机制、民情分析机制、民情处置机制、民情反馈机制和民情评议机制。2018 年，“俞复玲 365 社区服务工作法”被评为全国 100 个优秀社区工作法。2020 年 7 月，“365 社区治理工作规程”获评 2020 年全国最佳“创新社会治理典型案例”。

居民以居住在划船社区而自豪。因未来社区建设，2022 年 11 月，划船地块全部腾空。多数居民故土难离，虽然现在暂住在外，以后仍将回迁，因此户籍关系留在划船社区，呈现“碎片化”“游离态”特征，社区管理面临着人员组织难、沟通联系难、活动开展难、作用发挥难等“四难”问题。人散心不散，划船社区“俞复玲 365 社区服务工作法”并未因居民搬迁而消逝，而是不断摸索新的工作方法，创新探索出“1+3”模式，通过“组织领航”“队伍赋能”“活动聚心”三大行动为暂住在辖区外的划船居民提供在“家”一般的服务。

划船社区以党委领导，创设民情联络、建设监督、品牌打造 3 个功能型党组织模式，采取周碰头、月例会、季会商方式，形成社区“议事 — 定事 — 办事”工作闭环。并按照“划分区域、分片管理”原则，以百丈街道为圆心，划分成鄞东、鄞南、鄞西、鄞北、鄞中、鄞外等“六大片区”，推动分散居民“台账式、清单化”管理，建成居民信息“一册清”，形成居民动态“一本账”，定期开展政策宣传、民生服务、市民教育、文化活动等，架起社区党委、党员、居民之间的“连心桥”。

聚焦过渡安置的群众居民沟通联系难等问题，全方位构建“联络点 — 连心线 — 交流网”立体联络体系，让群众在“娘家”和“婆家”都舒心顺心。社区经过摸排了解到，居民中老人较多，为

划船—金色水岸联络点结对

划船—明东联络点近邻帮帮团成立

了回划船社区办点事，来回途中需要两个多小时，带来诸多不便。为了让居民就近享受便民服务，划船社区按居民暂住地密集度划分出6个片区，在当地社区设立划船社区驻外党群联络点。2023年4月，划船社区首个党群联络点在钟公庙街道金色水岸社区建立，随后在东郊街道仇毕社区、明楼街道明东社区、白鹤街道镇安社区潘火街道世纪社区建立了联络点，方便“老居民”就近办事。当“老居民”遇到“老社工”，双方激动的心情难以言表。未来，社区将继续做好联络点的建设和管理，对现有的服务模式精细升级，拓展服务半径。

联络点建立后，划船社区社工及“薪火”志愿服务队成员定期去蹲点上班，提供社保、民政等便民服务，及时送上政策宣传、未来社区的进展分享等。联络点的建立，为户籍在划船的居民和居住地社区搭起了桥梁，有利于双方互动，便于居民参加居住地社区的各项活动，享受到社区公共服务。双方社区重点围绕“一老一小”，实行资源共享，由双方网格长、志愿者组成近邻帮帮团，与高龄、独居、空巢老人及残疾人等需要关爱的人群开展结对服务，发放结对互助联络卡，长期提供资源链接、上门服务、大病关爱等服务。卡片上印着社区居委会、社区物业、自来水抢修、电力抢修等常用电话和结对志愿者、网格员的名字与电话，让老人感受到双方社区给予的温暖和关爱。“薪火”志愿者们每月为80岁以上老年人生日当月送去生日蛋糕和祝福，看望慰问生病住院企退人员。在驻外党群联络点开设“老邻舍大道吧”，每月设立开放日，以此增进邻里了解，促进邻里和谐。

同时，划船社区积极输出“阳光八号”志愿服务队、文体团队等社团组织，参加联络点社区公益志愿服务。划船小家电维修服务队每到一地均受到热烈欢迎，在现场来不及修理的，维修师傅还会带回家加班加点继续修理；划船老年家庭安全服务队服务全面升级，为居住暂住地的高龄、空巢老人上门进行电气、煤气等安全检查服务；“电话问声好”特色项目每月定期给高龄、独居老人、残疾人等特殊群体电话问候，带去社区的关怀；越剧爱好者团队去联络点演出，台上台下热情互动，越音袅袅。这不仅让划船“老居民”在拆迁过渡期感受到“娘家”的温暖，还实现社区之间的资源共享。

社区还织密云端线上“交流网”。按照“一区一群、一户一人”原则，建立居民微信群 16 个，辐射全体居民。选派政治坚定、熟悉网络、热心正直的社区干部担任微信群群主，广泛吸纳社区党委委员、联社干部、民警、网格员等“关键人”进群并亮明身份，公布社区 6 个热线电话、发放 800 多份服务手册，方便群众“定向找人”反映问题、“定点询问”答疑解惑。延续编发社区报的好传统，迭代升级《划船人》电子版，采用微信群发和邮寄上门“线上 + 线下”相结合的宣传方式，过渡安置期间已累计编印 10 期。

人散心不散，拆迁过渡期，划船社区根据居民需求积极创造条件，创新服务，把划船原来的市民学校、假日课堂、团拜会等特色活动根据现实情况，创造性地以实地办学、“云展示”、“云教学”的方式延续下去。

未来，划船将以未来社区试点创建为契机，秉持可持续发展的理念，传承划船“和美”文化的优势，继续塑造未来社区精神内核，营造绿色、便捷、智慧的社区新生活，打造美好的共同富裕新阵地。

志愿者为老人送生日蛋糕

和丰社区

传承红色工业　创新共富共享

明楼街道和丰社区地处三江口核心区——甬江时尚东外滩风貌示范带，辖区内有宁波近代工业起源地、宁波城区第一批党支部诞生地和被誉为中国创意产业“硅谷”的和丰创意广场。作为省级第一批验收通过的未来社区，和丰致力于打造居创共享型现代社区，努力实现创新共富共享。

近年来，社区先后荣获全国最美志愿服务社区、中国美好生活示范社区，首批浙江省现代社区、省生活垃圾分类工作高标准小区、省“红色根脉”强基示范社区、省民主法治社区、省节水型单位等荣誉。

和丰社区成立于 2015 年 10 月，由和丰创意广场、东岸里商圈、东岸名邸小区组成，区域面积约 0.48 平方千米，集聚各类人才 6000 余名，社区居民 2000 多人。

和丰创意广场上有两幢老房子，均为省级文物保护单位。江边一幢长方形的砖红色小楼是和

和丰社区鸟瞰

和丰创意广场小洋楼

烟囱景观

丰纱厂旧址，那里曾经是和丰纱厂的工具间，目前是和丰党群服务中心，并建有宁波工业设计博物馆；另一幢是位于和庭楼、丰庭楼之间的二层小洋楼，那里曾经是和丰董事会的旧址，也是宁波城区第一党支部旧址，现为宁波和丰工人运动纪念馆。纪念馆于 2021 年正式揭牌，集中展示了 1921 年至 1949 年期间宁波发生的一系列重大历史事件和中共宁波地方组织所走过的光辉历程。在中国共产党的领导下，1925 年 10 月，和丰纱厂工会成立。1925 年 12 月，中共和丰支部成立，这是宁波城区第一批工厂党支部之一。和丰广场里半支由红砖砌成的烟囱，生动展示了宁波近代工业的“三支半烟囱”，当年宁波和丰纱厂、太丰面粉厂和永耀电力公司各占一支烟囱，另外还有半支烟囱是指通利源榨油厂（季节性生产）。

和丰创意广场于 2011 年 10 月 20 日隆重开园，被认定为全国首批四家“中国工业设计示范基地”之一、全国首批小微企业创新创业示范基地，它的前身是 1905 年成立的和丰纺织股份有限公司（简称和丰纱厂），距今已有 100 多年历史。和丰纱厂创建初期是浙江大型纱厂之一，是宁波近代工业的代表。

现如今，和丰创意广场是宁波文化创意、工业设计等新兴业态高度聚集的核心区域。和丰社区致力打造创新共享型现代社区，和丰创意广场提供良好的创业氛围，东岸里商圈提升居民生活品质，居民和企业形成了良好的生态环境。

为营造良好的创业氛围，依托辖区内强大的工业设计等人才资源，和丰创意广场于 2015 年 8 月建成面积近 2000 平方米的宁波市创新设计众创空间。作为以创新设计助推产业转型为主题的众创空间，设有 50 个创业工位、13 个创业工作室，还配套设计师交流区、专利检索中心等，避免初创企业作品设计中同质化和侵权事件的发生，也有效降低了创业成本。同时，社区设有创业管家，提供寻找场地、部门对接、活动策划等贴心服务，助力创客在新的跑道上奋力前行。为

宁波工业设计博物馆

和丰纱厂女工纺纱

1983 年 9 月拍摄的和丰纱厂

了帮助创业青年成长成才，社区和园区打造良好的学术氛围，建立了以工业设计为特色的创业创新基地“如是之家”，每月邀请国内外设计大咖开展“工业设计名师沙龙”活动，围绕不同主题进行分享；定期开展“创意谷 · 创业说”等活动，深入开展“行业设计 +”对接行动，以青年人喜闻乐见的形式提供学术交流、交友联谊等活动；依靠园区内优秀设计师等人才资源，建立创业导师团，进行“传帮带”，提高创业成功率。截至 2023 年 8 月，社区内已有 40 多家企业孵化成功。

和丰社区还通过多种途径，创造更友好的居住创业环境，助力商圈和社区、居民形成良好的生态。社区有效利用区域内的 200 多家企业和 190 多家商户资源，汇集周边 10 余个邻里文化阵地，形成时尚慢生活中心，一站式解决数万人生活消费需求，构建幸福生活圈。为了支持区域内企业发展，社区提供会议室等公共服务，还根据企业需要，为新开业的商户聚集人气。企业也积极回馈，支持社区公益活动，给居民发放各种福利。社区和企

丰领社潮共富对话活动

业双向奔赴，区域内形成良好的居住创业生态链。

社区坚持群众需要延伸到哪，党员服务就跟到哪。和丰社区以党员为先锋，以未来需求清单为导向，拉长未来党建服务链，建成“1905”红色书房、VR（虚拟现实）沉浸式党史体验馆等新型党建基地；拉长未来创业服务链，依托和丰众创空间，引入创客团队和初创企业 50 余个；拉长未来生活服务链，建设邻里客厅、社群支持等场景。

因地制宜，创新公共空间，改善居住生态。社区改建提升垃圾设备处理房，将其变身为老年人活动中心。在邻里中心配置设施完备的健身房和崭新的乒乓球场地，并提供血压计、医疗终端打印功能等公共服务。围绕居民需求打造“一老一小”场景，针对 0—3 岁临时托管的高频需求，社区将邻里中心一楼 200 平方米会议室改造成以临时托管为导向的金龟子托幼；针对辖区老年人提出在家门口开设老年大学的高频需求，在前期设计中以活动和授课为导向改造居家养老空间；在儿童乐园边设立休息等候区域，老人们可以边休息边照看孩子。和丰社区入选省首批共同富裕现代化基本单元“一老一小”场景。

未来，和丰社区将坚持精神共富、社会共富和发展共富齐头并进，形成多元融合、相互包容、共享共生的美好生活圈，让更多居民“望得到江水、品得到文化、触得到绿色、享得到服务”，打造“富有人文关怀、充满创新活力”的居住创新共享型社区。

仇毕社区

首建强社公司　探索惠民之路

东郊街道仇毕社区前身为仇毕村，20 世纪 90 年代就是赫赫有名的“亿元村”。现今仇毕社区办起了全市首家股份制社区社会企业，撬动多方力量探索强社惠民之路。

据民国《鄞县通志》载，仇氏明朝时自慈溪来，毕氏由邻村土桥赘于仇氏，村里主要有仇、毕、周、柳、任、叶、盛七个大姓，村民主要以种植水稻为生。20 世纪 80 年代开始，村办企业蓬勃发展，有汽车修理、运输、橡胶、羊毛衫、玩具、建筑装潢、餐饮宾馆等行业。比较有名的如始建于 1967 年的宁波星火晶丽橡胶鞋业有限公司，其主导产品“晶丽”防滑橡塑微孔拖鞋曾荣获第十二届全国发明展览会优秀新产品金奖，“晶丽”商标还被认定为浙江省著名商标。

2003 年，仇毕村完成撤村建居。2013 年，社区推进全市单体规模最大的旧村改造项目，村民迁居该村安置房。2018 年 12 月，原来的仇毕社区以铁路为界一分为二，铁路以北为仇毕社区，铁路以南为横石桥社区。新的仇毕社区面积为 0.62 平方千米，总户数 3394 户，常住人口

仇毕社区鸟瞰

5600多人。管辖的范围为文庭景苑拆迁安置房、公园晓筑、中兴南路1—7号、星辰明珠、春和锦庐5个小区及东方商务中心、宁燕大厦、昌新大厦等7幢楼宇，明洲市场、金钟茶楼、现代百货、现代陶瓷城等5个市场。

毕春芳艺术馆

现在的仇毕社区，楼宇林立，幼儿园、菜市场等配套设施一应俱全。在临河的区域，还新建了鄞州乡贤体育艺术新空间，面向居民免费开放。新空间巧妙嵌入音乐乡贤元素，建有琵琶造型的滑梯、音乐健身跑道、亲子篮球场、越剧音乐角。这是居民休闲健身场所，还定期举办“越韵集市”，为群众提供越剧表演、小型集市等活动。

社区咖啡馆一角

2022年1月，仇毕社区办公服务点搬到新的党群服务中心，拥有2400平方米的公共服务空间。一楼主要有便民服务中心窗口、社区卫生服务站、“甬爱E家”；二楼有居家养老服务站、托育驿站、百姓健身房、堇书房、社区咖啡馆、退役军人服务站等；三楼为毕春芳艺术馆、百花小舞台、排练厅等戏曲文化公共空间。中心功能多样，能满足周边居民的多元化需要。毕春芳艺术馆于2022年7月建成开放，为全国首个建在社区的戏曲艺术馆，也是宁波市首个越剧名家纪念馆。仇毕是著名越剧表演艺术家、毕派越剧小生流派创始人、国家“越剧百年特殊贡献艺术家”毕春芳的故乡。艺术馆由一馆、一园、一场、一台、一堂、一厅、一室、一廊、一咖“九个一”串点成线、串珠成链，构建“一核多点”空间格局。围绕“艺术大师纪念地、市民文化教育基地、城市文创网红‘打卡’地”工作定位，纪念宣传弘扬毕春芳的传奇人生及其艺术特色，做好毕派艺术的展陈、研究和传承，建设毕派艺术传承新高地；推动名家、戏迷、市民在此交流、互动、体验，感受和传习以毕派越剧为主、辐射其他戏曲样式的特色文化艺术，打造共

仇毕社区党群服务中心

有精神新家园；引进戏曲音乐学院、各院团专业力量，推动艺术馆良性运营，传承弘扬优秀戏曲文化，探索精神共富新途径。

在党建统领下，仇毕人把“星火相传、熠熠生辉”的理念植入到空间改造、服务升级中，扎实走好“多方共营强社、多方共赢惠民”的现代社区创建之路。仇毕社区积极学习借鉴先进地区经验，以社区公共服务空间、资产、资源、资金有效利用为切入点，探索成立全市首家社区企业，撬动多方力量探索强社惠民之路。2022 年 9 月，宁波首家社区社会企业——仇毕星悦社区服务有限公司注册成立，仇毕社区居委会以社区党群服务中心的公共服务空间增值使用权作价出资并作为基层群众自治组织特别法人控股，与民营企业、鄞州区社区发展基金会三方发起成立。公司全面承接公共服务空间的资源盘活和运营管理，经营范围涵盖养老服务、餐饮管理、文化娱乐、健康咨询、校外托管、物业服务等领域。

不同于一般的社会基层治理模式，社区社会企业主要以企业运营模式开展服务，同时坚持公益内核，社区获得的分红收益投入社区建设基金，用于社区普惠性公共服务及辖区公益事业。目前，“仇毕星悦”除承接原本交由其他第三方机构的各类政府购买服务项目外，还推出了社区婴幼儿照护驿站、社区青少年美育中心、社区咖啡馆、社区居家养老等七大服务项目，毕春芳艺术馆就是社区公司成立后承接的第一个项目。通过资源对接，运营符合居民需求的优势项目，以开源节流加普惠商业的形式，实现共赢。“仇毕星悦”主要招募商企合伙人、社群合伙人和公益达人这三类“共富合伙人”，这些经过市场筛选的合伙人，既符合市场需求，又能承担一部分公益服务。目前，毕春芳艺术馆、社区咖啡馆频频“出圈”，给社区带来了人气，增强了造血能力。正式经营一年来，社区活动空间累计营收超过 100 万元。

成立社区社会企业，利用社区公共空间，盘活闲散资源，打造普惠社区生活服务项目，实现社区企业与合伙人、社区与居民多方共赢，探索公益与效益的最大公约数，仇毕社区迈出了第一步。

未来，仇毕社区将坚持公益服务与市场化运作相结合，不断完善社区社会企业运营模式，推进项目的多样化运营，努力优化社区服务品质，开展行业服务发展标准探索，强化对外咨询服务和经验输出，为通过商业方式解决社区痛点问题提供更优解。

党群服务中心宣传栏

丹顶鹤社区

老“小”区大作为　获荣誉出好人

白鹤街道丹顶鹤社区成立于2001年，辖区面积0.13平方千米，内有居民楼34幢，户籍1200多户，常住居民3300多人。其中60周岁以上老人1148人，独居老人共有100多人。社区自成立以来，获全国文明单位，全国老年示范性友好社区，浙江省先进基层党组织、省基层科普示范社区、省卫生先进单位、省民主法治社区、省绿色社区、省文化示范社区等荣誉称号。

社区不仅获得荣誉多，涌现出来的好人也很多。2021年获评“中国好人”的刘宁是老人们的共享女儿，她定期为老人洗头、理发、修甲，还承担起打扫卫生、买菜烧饭、管道维修等家务琐事；全国优秀志愿者、交通文明先进个人陈国荣牢记党员初心使命，带领志愿者们投身到垃圾分类、文明停车、敬老爱老服务中。甬剧《社区大忙人》就是以他为原型创作的。2021年3月，社

社区浮雕景观

区党委为发挥好人示范引领作用，把社区内获得过国家级、省级荣誉的好人、志愿者们组织起来，成立“好人宣讲团”，以他们的故事影响更多居民崇德向善，在扶贫帮困、公益服务、社区治理中尽显丹顶鹤“爱心如潮、新人辈出”的精神风貌。

刘宁在演示西点制作

丹顶鹤社区获得众多荣誉的背后，是社区扎扎实实的服务，是“好人宣讲团”的奉献，也凝聚了全体居民的爱心。

社区规模较小，老年居民较多，为了方便居民日常生活，提升居民生活品质，丹顶鹤社区深入挖潜，改造社区公共设施，打造“一街、两房、三厅”的“5 分钟乐融生活圈”。社区内原有一条“扰民街”，由六间对外出租的车库组成，油烟污染严重，夜间噪音大，居民叫苦不迭。社区党委出面把车库承租下来改造成公益街区，建立起“鄞领志愿银行”“裁剪小店”等系列爱心小屋。每天上午，居民可以在公益街区享受免费理发服务，交流花草养护知识，学习厨艺；冲击钻这类维修工具或者针头线脑等日用杂品，都能在公益街上借用。而社区里的百姓健身房和能人房让居民在家门口就能参加高品质的健身、手作等活动，享受精彩的时尚生活。健身房配备有年轻人喜欢的跑步机、划船机，成了社区健身爱好者的首选锻炼场所。而能人房里，非遗传承人带领孩子们体验面塑、衍纸、木工等传统手工艺。设在居民楼里的共享客厅，集“爱心厨房、共享花园、清风茶室”多项功能为一体，为周边居民提供预约式、点单式、自治式服务。老人们早上来共享客厅喝杯热乎乎的免费现磨豆浆，拉拉家常，开启美好的一天。附近居民相约来客厅打毛衣、做手工，享受老底子墙门文化的温暖。这样的共享客厅在社区里建了三家，都设在一楼，大家就近参加，其乐融融。

共享客厅　幸福生活

针对老年人比例较高的特点，社区开展系列暖心活动。推出失独家庭关爱项目，陪伴这些失独老人走出封闭的小

面塑达人捐赠给社区的作品

家，融入社区大家庭，逐步接受失独事实，树立生活信心，让他们老有所养，老有所依，老有所帮。社区为独居老人开展适老化改造，从家装细节入手，如在床沿、马桶边加装扶手，在淋浴房添加折叠固定椅子等，让老人的日常起居更加安全。社区还不定期组织丧偶老人开展“爱在晚晴天”活动，帮助单身老人走出低谷，勇敢乐观开心每一天。社区志愿者还经常去看望独居老人，当老人身体不适时，及时上门探望，送上最暖心的服务。每逢过年过节，社工和志愿者们都会给老人们送上温暖的问候。

为了增加残障人士、失业人员、困难家庭的收入，社区利用共享客厅建立艺术赋能手工坊，引进艺术达人，带领他们制作面塑作品，出售后，参加人员都能得到相应的报酬；引入第三方公司，让就业困难人员、有闲暇的居民参与制作小工艺品，通过灵活就业，帮助居民增加收入。

在党建引领下，社区居委会、物委会、业主委员会“三驾马车”同心协力，成立红管家团队，破解停车难、改造扰民街，把社区管理得井井有条。楼上楼下邻里和睦，老、中、青、小不同年龄层的居民都拥有自己的生活圈。很多居民感慨道，生活在丹顶鹤社区，非常惬意也非常舒心。

作为浙江省首批未来社区，丹顶鹤社区将在未来社区中植入共富内容，让居民在教育、治理、交通、养老等场景中体验共富元素，创造更加美好的未来。

中兴社区

河畔家园靓　最美慈孝情

加装电梯的居民楼沿河而建，在绿树蓝天掩映下通透大气；新建的口袋公园花木繁茂，居民开窗见绿，出门见园；居家养老中心坚持打造没有围墙的养老院，为老人提供日间照料和全托服务……东柳街道中兴社区在当地老年人口中，是一块幸福绿洲。

中兴社区成立于1997年，现有居民楼59栋，住户2120户，户籍人口5078人。其中60岁以上老人980多人，占社区户籍人口约19%，老龄化程度较高。近年来，中兴社区整合优势资源，发展多层次养老服务模式，获得全国示范性老年友好型社区，全国民主法治示范社区，全国

中兴社区

群众体育先进单位，浙江省文明单位、省绿色社区、省书香之村、省城市体育先进社区等荣誉称号。2022 年，中兴社区被纳入第五批浙江省未来社区创建名单。

从“圈外”到“圈内”，老年网红“打卡”点处处可见。走进中兴社区可以看到，树木葱茏的中央广场上，小径蜿蜒的“慈孝公园”里，三三两两的老人在家人的陪伴下散步、晒太阳。在社区共富工坊内，“90 后”支部书记孙旭正在“凉山助农小铺”热情推销助农产品；长者照护之家里，量血压、测心率，每一位老人都有独属于自己的健康档案；“记忆拾光社区影院”排片表里安排着经典作品。走进乐邻空间，“时间银行”里，小老人和老老人守望相助，构建“远亲不如近邻”的邻里场景；卫生服务站和广场上的健康小屋中，老人们可以就近参加义诊和求医问药，实现“名医名院”零距离。

乐邻空间

中兴社区党委在充分考虑居民社交空间、养老托幼等方面需求的基础上，整合社区存量资源，回收租赁物业办公楼，运用数字化、智慧化手段改造闲置架空层，盘活闲置资源，因地制宜改造提升社区环境。实施无障碍设施改造工程，持续推动适老化电梯安装，充分营造适老环境，首创全国“保险 + 电梯”举措，使无障碍环境建设真正成为惠民工程。

社区邻里中心、文化公园、创客中心，一个个养老惠老节点串点成线，粉砖黛瓦、小桥流水、花木扶疏…… 移步皆是景，让居民们切实感受到共富红利。

为帮助老人健康生活，社区坚持“暖而近”+“智而亲”，针对 60 岁以上的老人量身打造健康管理云平台，邀请专业医师为他们建立专属健康档案，按照身体状况实行“红、黄、蓝、绿”四色管理，“一色一策”精准服务，实现定向关照，打造“15 分钟社区邻里圈”。

“孝”字石

利用“互联网 +”、大数据等信息技术，将触角延伸到各个养老场景，打造“智慧养老”保安康的幸福养老模式，为居家的老人提供专业化服务。按下随手携带的应急呼叫器，跌倒的老人可以及时得到救助；具有行为监护、安全看护等功能的生命体征监测带、安防设备等智能产品，让老人生活更安全、更放心；智能设备一键拨打热线，工作人员 24 小时接听并提供各项服务和应急帮助…… 互联网正在老年人和服务机构及家人之间搭建起平台，为居家养老的老年人打造一个智能的居家照护场景。

2019 年，中兴社区联合第三方机构，针对具有认知障碍的老人打造区域性养老中心，设有 22 张床位，500 余人次受益。为了给认知障碍老人打造一个温馨的环境，养老中心根据各位老人的喜好，门上挂着小学语文课本、机械表等老物件或者写上姓氏，便于老人们辨认。大厅里的大屏幕电视播放戏剧节目，有些老人们或站或坐，咿咿呀呀地跟唱着，自得其乐。

从口袋公园、乐邻空间到长者照护之家，中兴社区经过不断探索，已逐步形成以“信息化为支撑、居家养老为基础、社区养老为依托、机构养老为补充、体医康养相结合”的养老服务体系。

共建共享才能走向共同富裕。“在未来社区推进中，党建引领是关键一环。社区坚持小‘动静’融入大‘社区’，撬动共富‘加速度’，定期集中党员、联社领导、志愿者，发挥‘领头羊’作用，不断刷新社区养老新高度。”中兴社区相关负责人说。

中兴社区强化基层治理，创新网格化管理，最大程度将治理重心向基层末梢下移，利用网格“微”力量，组建助老队伍，包括 5 名助老管理员，30 多名助老志愿者，4 个助老社区组织，8 家助老共建单位，为社区居家养老提供有力的保障。大力发展老年文体团队，设立了老年协会、歌咏班、舞蹈队等团体，让老年人老有所乐，实现活力养老。

文艺演出

社区动员多方力量，与健康街区党建联建单位深度合作，链接健康城、会好康、康复医院等医疗资源，邀请职业医生志愿者入网格，充实医养力量，实现守望互助。打造“乐活小屋”，针对居民需求，引入“益能增智”“临终关怀”等公益项目；针对具有认知障碍的老人，开展“守护记忆·忆路爱你”活动，全面构建认知症友好社区；针对长者，引入社会督导力量开展临终关怀，提高生命质量。

同时按照“邻里相识”原则，通过“互助岗位招聘会”吸纳离退休党员，团结银发力量，让“小老人”和“老老人 ”相互帮扶，组建起一支双向奔赴的“夕阳红”志愿服务队。设立“银发直播间”，为老年人提供分享生活经验的共享式平台，实现“老有所为、老有所乐”，让慈孝文化薪火相传。

未来，中兴社区将继续以“关爱老人”为出发点，坚持党建统领、多方协同，创新基层治理新模式，不断完善养老服务体系，推进养老服务集成化、专业化、精细化，擦亮共富幸福底色，让慈孝之风直抵人心，让慈孝之声绵延千里。

福城社区

春风十“礼”到　助力奔共富

福明街道福城社区是一个城市拆迁和农村拆迁相融合的大型安置社区，以“春风十里不如你”的“春风里”暖巢工作室为中心，搭建平台，积极帮助社区居民再就业，平凡的社区工作发挥重要作用，开辟一片晴空，给居民带来了春天般的温暖。从2010年11月成立至今，福城社区获全国示范性老年友好型社区，浙江省高质量就业社区、省新时代枫桥式退役军人服务站等荣誉。

“春风里”暖巢工作室

走进社区“春风里”工作室，满墙都是洋溢春风拂面般关爱的留影，志愿者们开展职业介绍，关爱老年群体，组织法律知识讲堂……一张张

福城社区鸟瞰

图片记录着“春风里”团队10多年来的孜孜努力，精准服务于有不同需求的社区居民。工作室的“浙江好人”朱红春和伙伴们联合辖区内外十多家企业，提供就业信息，帮助社区就业困难人员找到合适的工作岗位。

福城社区的居民来自戎家地块、惊驾地块、戚隘桥地块等18个拆迁地块。社区由福明家园二期、东都华庭、水悦名庭、东篱水岸花苑小区组成。辖区面积0.23平方千米，户籍人口4849人，常住人口6300余人。其中60周岁及以上老年人（居住人口）1469人。独居、空巢、失能（含失智）、重残、计划生育特殊家庭等特殊困难老年人191人。

社区刚成立时，区域内失业、下岗人员多，需要帮扶的老人多。针对居民的实际需求，2012年，社区成立了“福罗米”创业就业助跑志愿者团队，主动联系辖区内外企业，了解招工、用工信息，开设自主创业班、整理就业培训政策等信息，建立资源库。每年春节后用工荒和金秋招聘旺季，社区分别举办一场招聘会，给辖区内的居民搭建就业、创业平台。

针对需要帮助的老人，社区微网格员、民情联络员和热心居民携起手来组建助老服务队，“一对一”为独居老人、空巢老人提供服务，内容包括老人日常生活照料、保健服务。同时，依托辖区医院的专科医生、沿街商铺的志愿者，做好基础医疗服务，提升老人的健康生活理念。

日积月累，社区内的爱心团队不断发展壮大。2022年，社区集结基层的好人力量，整合“福罗米”创业就业、“福星”健康助老、“福满庭”家庭帮扶等团队，成立了社区自行孵化的“春风里”暖巢工作室。这是多年来社区探索特色志愿服务的成果，帮扶工作也上了新的台阶。

随着再就业、创业帮扶的不断进行，创业成功的社区居民积极反哺，开始送岗位到社区。对于初上岗的居民，社工定期回访，遇到磕磕碰碰工作不顺畅的情况，根据实际情况及时协调，努力实现居民和企业双方共赢。

2023年3月，福城社区“春风里”志愿者联盟正式启动并升级推出春风十“礼”服务。经过半年多的实践、探索和精选，现在的春风十“礼”幸福大礼包包括：敬有礼、医有礼、学有礼、帮有礼、亲有礼、信有礼、食有礼、巧有礼、创有礼、乐有礼。从“福罗米”“春风里”暖巢工作室到“春风里”志愿者联盟和春风十“礼”，福城社区以“浙江有礼·义乡鄞州”为引领，以再就业、创新、助老等为主线，志愿服务版本不断升级，精准化服务辖区老人和特殊群体，满足居民个性化、差异化需求。

如敬有礼，观爱国电影、访红色基地，“Talk 忆初心、插花寄廉语”，形成银青结对、薪火相传的有礼氛围。学有礼，老有所乐、一堂一乐，打造由礼仪教学、越剧赏析、钩针编织、诗歌吟诵、书画歌咏、健身舞蹈、智能手机等各类课程构成的有礼福学堂。帮有礼，汇聚“甬爱E家”、

丰富多彩的老年活动

“E起帮”助老队、邻里帮帮团、幸福来敲门小分队等公益团队专业力量，为老人提供公益理发、家政清洁、矛盾调解、代办跑腿等有礼暖心服务。食有礼，“食惠”点餐、爱心送菜，定制家乡菜、生日餐，重阳送耄耋老人免费餐券等，营造有礼好“食”光。巧有礼，开办“福心”手工坊，组织“爱在福城”慈善义卖，用巧手为居民编织有礼“幸福网”。乐有礼，推出“宋韵体验”“道老古”“守护旧时光”“生日福多多”“喜乐汇”等活动，营造“文明乐活、快乐享老”的有礼场景。创有礼，共富工坊、零工驿站，打造“家门口”创业就业有礼新高地。

春风十“礼”给社区居民提供多元化的服务，同心奋进共富路。福城社区以志愿服务为抓手，根据社区居民的实际需求，扎实做好幸福党建、民生服务、民俗文化传承、特色品牌创建等各项工作。社区依托党群服务中心、老年活动中心、社区卫生服务站、社区文化广场、社区图书馆、健身苑、儿童之家、0—3岁婴幼儿照护服务驿站等设施，实现“15分钟医疗服务圈”“15分钟品质文化生活圈”“10分钟健身圈”全覆盖。社区不断优化人居环境。2022年，社区多方筹集改造资金，完善小区无障碍设施，重建河堤旁休憩处、改造口袋公园等。社区服务项目不断拓展创新，服务设施不断更新完善，社区现代化建设水平逐步提升。

社区旧貌换新颜，不但让居民享受到城市化建设带来的红利，而且留存了一段记忆往事。很多“老福明”几代人都生活在村里，毕竟故土难忘，老物件留住了乡情和乡愁。据戚隘桥的居民讲述，福明家园三期20幢前的桥栏原是戚隘桥村一座庙桥上的桥栏，拆迁时被保留下来给村民们留点念想。社区还举办过一场怀旧运动会，矿泉水瓶里插秧、搓草绳、分豆子等活动，重温宁波老底子的乡村生活，男女老少都玩嗨了。

未来，福城社区将继续聚焦“一老一小”，升级“共富工坊”和“零工驿站”，并加入直播元素，让老有所养、幼有所育、弱有所扶，增强社区居民的幸福感和获得感，努力走出一条聚力共富的现代社区“幸福”迭代升级之路。

海创社区

安居又乐业　他乡即故乡

下应街道海创社区是全市体量最大的商住型社区之一，居民来自30多个省市自治区，有19个少数民族，社区配套有3万多平方米的“漫街区”商业区以及2800平方米的文体中心。生活在融合型大社区里，居民足不出户就能在社区享受托幼养老、学习培训、就业创业等服务，实现安居又乐业，感受到他乡即故乡的温暖。

海创社区成立于2015年，区域面积0.38平方千米，规划户数6056户，常住人口约1.5万人。社区于2020年3月成立党委，下设五个党支部，共有党员172名。先后荣获全国最美志愿服务社区，国家地震安全示范社区，首批浙江省现代社区，第二批浙江省未来社区，浙江省示范儿童之家、省民主法治社区等荣誉。

这个社区，常住人口的数量相当于一个中等规模的集镇，具有年轻人多、未成年人多、随迁老人多的特点。根据居民特点，海创社区创新服务模式，在就业创业、“一老一小”等方面推出了一系列贴心举措。

海创社区鸟瞰

“漫街区”商业区

社区居民中“80后”和“90后”占比达82%，普遍学历高、专业技能强，是个可待挖掘的庞大人才“蓄水池”。社区工作人员通过走访、问卷调查等方式，了解到居民对职位招聘、再就业培训、人才政策等信息非常关注，求职需求强烈；而社区周边很多企业却存在用工荒。

“招聘一点通”平台

根据居民切身需求，海创社区在就业、创业方面创新模式，推出了线上线下系列服务。2022年3月，通过创建“海创市集”多功能平台、海上心客厅，设置“人才标签”工单服务等举措，推动人才“走出去”“引进来”，率先建立全市首个社区人才发展服务站，在用人单位和居民之间搭起桥梁，建起居民

学习强国书屋

烘焙教学

“家门口”的人才服务体系，助力未来社区创业场景打造。线上平台“海创市集”的“求职招聘”板块，以距离近、岗位优质、来源真实可靠为标准，实时动态发布优质招聘信息，实现与海创居民求职需求的精准衔接 。同时，邻里直聘橱窗、人才杂货铺、零工市场等线下渠道推出的用工信息既有国企岗位，也有服务家庭的小时工，让有求职需求的居民能够及时捕获信息。求职人员亮出自己的求职信息，“想找一份双休的、建筑行业的工作”“希望得到一份人资教育的工作”……招聘和求职双方面对面，在社区里就能实现闭环。

海创社区还精心打造了创业孵化客厅，为人才“服务到家”。在社区人才发展服务站的海上心客厅，打造了 24 小时开放的人才自修室、能开展沙龙论坛的人才会客厅、拥有直播设备的创业工作坊等功能室，为有需求的居民免费提供良好的学习、工作环境。很多居民把海上心客厅当成自己的第二个“工作间”，社区烘焙达人经常来客厅直播，把烘焙技能分享给社区居民和线上的粉丝们。

社区里随迁老人多、婴幼儿多，有 500 多个 3 周岁以下婴幼儿，其中有 300 多个孩子由老人隔代照看，“老带小、隔代养”现象非常普遍。为子女照看下一代的老人年龄基本在 60 岁左右，对婴幼儿科学照护、理性进行隔代养育也有着很强的学习需求。为一体化解决“顾老 + 看小”的难题，社区探索打造未来社区“一老一小”融合服务新模式，把公共空间打造成老少适宜的场景，如在小孩游乐场设置供老人休息的椅子，在养老服务站配备小孩玩具等。2021 年，海创社区打造了全市首个社区婴幼儿照护服务站，为社区 3 岁以下婴幼儿家庭提供免费的预约式临时托管、亲子互动、育儿知识科普等服务，并配备了保育医生和育婴师。2022 年，社区打通了婴幼儿照护服务站和居民养老服务站。老人把孩子送到照护室、玩具间或者阅读室后，可以边看护孩子边坐下来休息，如果有老人需要就医或参加其他活动，也可以将孩子交由社区专业托育人员看护。2022 年 10 月，海创社区老幼融合服务场景入选浙江省首批共同富裕现代化基本单元“一老一小”服务场景名单。

围绕年轻人的日常生活习惯，海创社区积极拓展线上服务功能。“海创市集”多功能平台还设置了“跳蚤市场”“吃遍海创”等功能。平台的“跳蚤市场”板块，居民将家中闲置物品大到家具，小到书籍、玩具，拍照上传，寻找有需要的新主人；“吃遍海创”及时更新周边的餐饮信息，给居民日常生活带来很多便利。“海创市集”集多种功能于一体，人气非常旺盛，成了社区年轻人的线上社交平台，也为社区开展各种志愿服务提供了便利。如今，志愿服务已成为海创社区的一张名片，全社区共有 26 个志愿者团队，注册志愿者 2287 人，并且社区探索“专业化 + 公益币”志愿服务模式，实现了社区管理水平和居民满意度双提升。

根据社区特点，海创社区下一步将坚持以党建统领为基、人才服务为要、老幼融合为本、数字赋能为翼、运营管理为源，结合社区卫生服务中心、“漫街区”商业区、海上心客厅（文体活动中心）等主要空间，进一步发挥未来社区先发优势，不断提升社区居民的幸福感和获得感。

创业孵化客厅一角

金桥花园社区

你来说事评事　我来管事办事

潘火街道金桥花园社区区域面积 0.13 平方千米，共有高层住宅 26 幢，规模户数 2810 户，常住人口约 6700 人。社区为典型的拆迁安置社区，主要由原土桥村、小花园村及潘火新村部分拆迁户组成，寓意“土桥”和“花园”融合，因而取名为金桥花园社区。社区于 2014 年设立，至今共荣获浙江省首批现代社区、省城市社区议事协商创新试点、省社区综合服务体（三星）、省新时代枫桥式退役军人服务站、省生活垃圾分类高标准示范小区、省民主法治村（社区）等 8 项省级荣誉，宁波市首批儿童友好社区、市五星级基层党组织、市民主法治社区等 18 项市级荣誉。

社区体量大，老年人口多，既有拆迁安置的“原住民”，又有购房落户的“新居民”。社区里高楼耸立，抬头看不到一扇框架式防盗窗，低头看不到一片垃圾，小区实行人车分流，处处透着品

金桥花园社区鸟瞰

土桥村旧照

小花园村旧照

质。社区是如何实现现代治理“双城记”和共同富裕“新场景”的呢？“居民说事评事，社区管事办事，实现共治共赢”就是秘诀。

近年来，金桥花园社区打造“红桥悦民会”议事协商品牌，由社区干部、网格员、党员、居民代表组成议事团，对涉及居民切身利益的事项进行协商讨论、决策公示并落实破难，最后进行监督执行。“红桥悦民会”坚持制度化、常态化，以共同需求、共同利益、共同目标为纽带，为居民群众参与社区治理搭建交流平台，探索集思广益、群策群力的社区治理新路子，全力推动拆迁的“原住民”和购房的“新居民”深度融合，让全体居民零距离参与社区治理，切实提高社区居民自治水平，让人民群众真正满意。2023 年，社区顺利完成省级社区议事协商创新试点验收，成功获评全省首批现代社区。

聚焦“一老一小”，让居民幸福感更加充实。社区成立后，逐步打造起党群活动中心、文化家园、党建公园、说事长廊、说事休闲吧、图书馆、健康步道、“一老一小”生活馆等一系列高品质公共设施，让老、中、青、幼不同年龄段的居民在社区里就能享受娱乐、健身、休闲。有居民在网格群和议事厅里反映，社区老年人较多，原来的居家养老服务站功能较少，不能满足老年人的需求。社区收到反映后，立即组织党员居民代

儿童之家

改造后的漫步道

表、网格员，和老年协会会员，开展“红桥悦民会”议事讨论，合议后对居家养老服务站进行部分功能改造提升，增加看电影、写书法、健身等场地，每周二安排下午茶，每月提供一次便民服务，服务站的硬件设施和服务得到同步升级。改造后，越来越多的老人走出家门来到居家养老服务站和邻居聊天，并参加丰富的休闲活动，阵地服务和居民需求契合度进一步提升。

聚焦“智慧安防”，让居民的安全更有保障。社区进出人员较杂，高楼管理难度大，仅仅依靠“人”来管理会力不从心。于是，金桥花园社区在2020年进行智慧化改造，完善安防设施，安装人脸识别系统、智能充电桩系统等，实现小区数字化、智慧化管理。高空抛物防不胜防，治理起来更是难上加难。社区党委依托“红桥悦民会”，多次召集物业、党员居民代表、楼道长和社区民警协商议事、献智献策，面对面听取居民的意见诉求，最终合议支持安装高空摄像头，实现“360度无死角，24小时监控全覆盖”，为社区居民生活安全加上一把“安心锁”。2023年7月，为有效预防和减少独居老人住户发生火灾等安全隐患，社区又为80周岁以上老人免费安装燃气报警器、烟雾报警器和“一键报警”设备。

聚焦“优质服务”，让居民获得感更可持续。社区人口多，室外健身空间较少，不能满足居民户外健身、散步等文体需求。对此问题，居民在说事长廊里经常反映，呼声较高。“红桥悦民会”联合社区环境与物业管理委员会、老年协会、青年之家合伙人和儿童议事会成员进行讨论并现场踏勘，决定将原来没有发挥作用的流水景观改造为健身步道。为了让改造效果更好，社区充分发挥“366议事协商”机制，党员代表、居民代表、施工方、物业方和儿童议事会等相关人员，随时开会商量改造事项，大到健身器材和儿童游玩设施如何安放，小到健身步道周边的景观灯如何布设，整个项目采取“一事一议、急事急议”，集体讨论出最佳的解决方案。改造完成后，健身步道分成景观雕塑、儿童游乐、健身休闲等区域，大人、孩子活动锻炼的场地扩大了，社区开展文化活动也有了更开阔的场地，社区居民的获得感大幅度提升。

智慧管理平台

金桥花园社区文化家园

“红桥悦民会”突破了社区党组织在服务治理中唱“独角戏”的瓶颈，把辖区广大居民和其他团体的积极性、主动性、创造性充分调动起来，共商共议共解民生难题，不断提高社区生活的幸福感。小区车位供不应求导致停车难，地下室坡道过窄存在安全隐患等民生问题的妥善解决，让居民们赞不绝口。

目前，金桥花园社区正在全力推进现代社区、未来社区建设。结合居民需求和社区现状，社区党委将继续重点打造老年大学、社区食堂、滨河健康步道等场景，加快推动共同富裕现代化基本单元建设，全力走好党建引领下的“物居业”深度融合、和谐共治之路。

金色水岸社区

邻里多达人　喜乐齐共享

马拉松跑手达人带领居民一起晨跑健身；博物达人引导孩子们在小公园里辨认花草、昆虫，探究大自然的奥秘…… 钟公庙街道金色水岸社区以达人文化为特色，着力打造有温度、有品质的社区生活共同体，提高居民的幸福感。

钟公庙街道金色水岸社区将达人文化融入社区管理，不断推动社区发展。近年来，金色水岸社区各项工作取得了显著成效，获得浙江省文明单位、省城市体育先进社区、省绿色社区、省五四红旗团支部，首批省现代社区，宁波市十佳品质社区、市级全国文明城市先进社区等荣誉。

金色水岸社区成立于 2009 年，占地面积约 0.35 平方千米，由金色水岸和观江园两个小区组成，区域内无商业、无企业，属于纯商住型城市社区，总户数 4683 户，常住人口 13000 余人。社区人口密度高，居民学历高，各行各业人才济济，35 周岁以下的年轻人约 7600 人。基于这些特点，社区居民之间社交需求较强。

金色水岸小区鸟瞰

达人课堂开班仪式

为了改变城市社区“陌生人社会”现象，破解“开门相见不相识”的困局，金色水岸社区党组织根据实际情况，重点突出社区达人的辐射效应，以不同类型的达人为圆心，采用达人课堂、达人活动等形式吸引有相同技能或兴趣的社区居民组建达人圈，通过日常活动逐步增强圈内影响力和凝聚力，打造分众聚合式的“熟人社区”。社区依托“社区动员”的核心工作方法，凭借居民人才优势，将达人作为社区动员的活力来源，形成“金色 · YI 动”工作理念，共同推进共治、共建、共享的社区治理格局。

基于社区人才优势，金色水岸社区自成立起就着手挖掘居民达人资源。2018 年开始评选年度十大达人，2019 年起组建达人讲师团，开办达人课堂，在线上推出“我的邻居”栏目，线上线下互动，有效推动居民参与的便利性和积极性，至今已累计评选“金色达人”30 位，涵盖个人到家庭、文体到公益、非遗到科普等不同层次、不同领域，形成了达人讲师团，走出了一条以达人为中心的居民动员模式的新路子。如果说“评选达人”是在寻找资源，那么“达人课堂”就是在整合资源。达人课堂的创办既让社区能人有了发挥自己专业特长的平台，又让居民原有的精神需求被激发。随着达人老师的增加，课程内容也愈加精彩，彩铅画、插花、吉他、空竹、面塑、社区微改造等 10 多个公益课程，吸引不同年龄段居民踊跃参与，形成线上线下的达人课堂群、共性达人群等 50 余个。

在形成达人课堂的基础上，拓展达人课堂的内容与社区活动相连接，进一步深化课堂向社区服务推进。以各类活动作为提高社区居民情感联系和价值认同的方式，组织开展“金色春日项”

"共富友邻"活动评选

运动季、金色邻里节、原创诗歌朗诵会等活动，促进居民互动交流。同时，孵化社区组织，以达人圈为基础进一步组建社区组织，长效开展日常化的社区活动，培育了益动无届跑团、金娘舅帮帮团、小儿国理事会、金色太极拳队、绿艺之家公益团队、婉婷灵韵舞蹈队等社团，调解社区矛盾纠纷，组织青少年活动、公益拾荒跑等。细化延伸社区服务，结合达人课堂开展的活动，形成"一周一手作""一月一心语""一季一生花""一年一共享"等特色服务项目，逐步充实社区服务清单。

金色水岸社区以挖掘和培育社区达人、增强达人辐射能力与反馈机制及联动，有效发挥社区达人特长，吸引全体居民参与各类活动为抓手，推动社区各项工作的开展。达人系列活动是系统工程，具有涉及人员多、时间跨度大、内容庞杂等特点，社区努力做到了以下三个结合：第一，坚持党组织的领导与群众自治相结合，着力发挥社区群众自我协调、自我管理的积极性和创造性，使达人课堂的创办既坚守正确的文化方向，又充满活力；第二，坚持达人引领与广泛参与相结合，在打造熟人社区工作中引导全体居民参与社区管理，实现社区自治。"金色达人"带领志愿者团队，上门征集居民意见，并整合归类，形成了金色水岸居民公约。老年体育达人们作为民情联络员，助力架空层改造为网格驿站，驿站内放置了两张乒乓球桌，为"一老一小"带来更多健康和快乐；第三，坚持基础服务与提升引导相结合，社区在坚持基础服务的同时，引领居民学习科学知识，养成良好生活习惯，提高思想道德素养，把满足自我生活需求与关心社区公共事务相统一，凝心聚力，共建宜居、舒心的美好社区。

党建墙

未来，金色水岸社区将进一步充实"金色·YI动"内涵，组建社区文联，开展百家宴、邻里节等活动，让社区服务"最后一公里"更加畅通，让社区更加靓丽。

黄鹂社区

共建鹂西走廊　一起走进“春天”

鹂西走廊的建成让公共空间逼仄的黄鹂社区拥有了自家后花园，给黄鹂居民搭建起幸福生活的重要阵地。茶余饭后，居民在这里散步，喝咖啡，孩子们玩耍做游戏，老人享受免费理发等公益服务，鹂西走廊让老小区居民一起走进“春天”。

鹂西走廊位于黄鹂新村南侧、萧甬铁路北侧，是浙江省首条社会众筹建成的铁路沿线生态长廊、首个“众筹”党史学习教育基地，铁路沿线 828 米长的鹂西走廊让老小区焕发新生。

白鹤街道黄鹂社区成立于 20 世纪 80 年代中后期，先后获全国综合减灾示范社区，浙江省争先创优先进基层党组织、省卫生先进单位、省城市体育先进社区、省基层科普示范单位、省“平安家庭”创建活动示范社区等荣誉。社区总面积约 0.32 平方千米，有楼房 138 幢，共有居民 5000 多户，户籍人口 9000 多人，常住人口 1.6 万多人，是目前宁波市老城区中体量最大的一个社区。作为宁波城区第一批成套房住宅小区，2006 年以后，居民结构逐渐发生了变化，人口老龄化，新宁波人增加。目前 70 周岁以上的老人有 2700 多人。

黄鹂社区鸟瞰

黄鹂社区铁路沿线环境整治前

鹂西走廊二期整治前航拍

因居住面积普遍较小，部分住户看中了社区南侧、铁路沿线狭长的空闲地，开始在社区铁路沿线养鸡种菜、私搭乱建，一到夏天，蝇虫滋生，臭气熏天，沿线居民都不敢开窗，而且还存在安全隐患。又因这块空地属于铁路红线范围，社区没有管理权，而铁路部门没有执法权，管理职责的不明确造成本应洁净的铁路沿线成了藏污纳垢之地。

白鹤街道多次对该地块进行整治。2017 年，黄鹂社区拆除铁路沿线东侧约 800 平方米违章搭建，改造成社区老年餐配送基地和居民休闲场所。随后，黄鹂社区铁路沿线的 53 处违建均统一拆除，还一并集中清理了菜地、杂物堆放区等。但没过多久又冒出一堆堆的垃圾，“脏乱差”未能根除。

老党员重温入党誓词

为了彻底解决黄鹂社区铁路沿线“脏乱差”问题，2020 年 3 月，白鹤街道和铁路上海局集团公司宁波工务段形成共识，初步拟定了休闲绿化和建设停车场两套方案，大多数社区居民选择了绿化步道的建设方案。因这个地块位于黄鹂社区最西侧，经过居民议事会讨论，黄鹂社区铁路沿线地块有了响亮的名字 —— 鹂西走廊。随着鹂西走廊改造项目的启动，居民意见不断汇集，建设方案一再改动，项目预算面临巨大的资金缺口。听闻此消息后，沿线居民、企事业单位、社会组织等不同主体有钱出钱、有力出力、有物出物，专家学者出谋划策，鹂西走廊改造工程得以顺利进行。

2021 年 1 月 12 日，全长 500 米的鹂西走廊一期项目正式建成开园迎客。2022 年 5 月 20

学生情景教学

日，白鹤街道鹂西走廊一期、二期贯通仪式举行。至此黄鹂新村南侧总长 828 米、荒废的城市边角料蝶变为铁路沿线生态长廊。

一期注重公园化体验，沿途移步换景，打造一里香、大道椅、汇议亭、雅集、窗台边、草木居、鹂之鸣、枕木道、同心塔、小时光“鹂西十景”，凝聚了居民们的巧思妙想。“小地方”彰显“大作用”，“小改造”改善“大民生”。场景设置上满足多类型需求，群众可在此说事议事、休闲散步、兴趣交流、亲子玩乐；也可以作为社区、街道、相关单位的特色活动阵地，承接区域党建、人大联络、政协协商、青年交友、校外教育等活动，为不同工作提供有效助力。

二期更注重服务性，为“一老一小 ”、退役军人、残障人士等人群打造不同的场景。建立了以服务老人为首要任务的中央厨房；铁路沿线黄鹂干部休养所闲置已久的小房子，打造成公益特色商业街，为辖区老人提供无偿的养老、助老服务；建成服务范围辐射白鹤街道的退役军人服务站；建立为残疾人提供工作场所的阳光工坊；也有给辖区内的黄鹂小学、黄鹂幼儿园提供劳动教育、学习劳作技能的菜地；还开设了年轻人喜欢的咖啡馆、小酒吧、射箭馆等。目前，已有 20 多支志愿者团队入驻，其中包括浙江工匠领衔的为老年人免费理发的理发师团队。

鹂西走廊一、二期顺利建成的背后，是 30 余家单位、企业和黄鹂社区居民众筹近千万元的

画展进社区

铁路站台景观

爱心支持，也是探索“共同缔造”模式的尝试。鹂西走廊一、二期建设过程中，居民代表举行了近50场大型议事会、研讨会，同专家学者一起共同规划，小到一花一草，大到整体设计规划、道路修建，工程的每一步推进，居民们都了如指掌。鹂西走廊的成功打造体现了“共商共议、共筹共建、共治共管、共享共赏”的“八共”经验：以“共商共议”勾勒建设轮廓，依托“小微协商”的议事机制，形成“社区事大家议”的基层协商文化；以“共筹共建”实现设计落地；党群齐心、政社协力，以“共治共管”激发后续活力；以“共享共赏”惠及多类主体。

鹂西走廊的建成促使黄鹂社区铁路沿线乱象得以根治，鹂西走廊不仅是居民的后花园，也是建设共富家园的重要阵地。现在，鹂西走廊三期已经开始建设，社区还成立了黄鹂社区悦鸣生活服务有限公司。未来，黄鹂社区将探索商业驱动模式，为社区高效运转注入源头活水。

城兴社区

众筹改楼道　创建大和谐

原本破旧的楼道通过众筹改造后焕然一新，转身成为画廊、书吧、运动中心等文体空间，中河街道城兴社区推动社区微治理，切实提高居民的幸福感。

城兴社区成立于 2010 年 3 月，地处中河街道中心区域，辖区面积约 0.6 平方千米，由风格城事、城市花园、尚雅府三个小区组成，规划户数 3636 户，总人口 1 万人左右。城兴社区先后获得浙江省社区体育健身俱乐部、省城市体育先进社区、省节水型居民社区、省卫生先进单位、省基层科普示范单位、省节水标杆小区、省社区规范化档案室等荣誉，2022 年被纳入浙江省第五批未来社区创建名单。

其中风格城事小区交付于 2009 年。随着时间推移，小区部分公共设备、设施日渐陈旧老化，

风格城事小区

92 号楼道地下室大厅（改造前）

92 号楼道地下室大厅（改造后）

特别是楼道内墙面破损问题最为突出，曾经的高档住宅出现天花板脱落，墙壁发霉、发黑等现象。很多业主迫切希望对楼道进行改造，提升住宅品质。由于风格城事交付时没有建立公共维修基金，每年收取的公共维修费用只够勉强维持小区公共部分基本的日常维修；而且楼道属于业主的共享财产，升级改造不能依靠政府财政资金的投入。对楼道进行重新装修或维修成本较高，在资金没有其他来源的情况下，业主自筹资金进行改造成了一条有效途径。

92 号楼道外走廊（改造后）

2020 年开始，风格城事小区 92 号楼率先尝试众筹改造楼道。楼道自治委员会成立后先后召开 20 多次协调讨论会，共众筹 42 万元资金。92 号楼共有 19 层，一楼为公共区域。楼道改造工程分装修、绿化和安装电梯三部分，包括墙面维修、公共区域装修及负一楼过道大厅仿木格栅墙的安装等，整个工程由众多小项目组成，较为烦琐。由楼道自治委员会牵头，在业主、居委会、业委会等多方努力下，历时 3 个多月，楼道改造工程圆满完成。原来破旧的 92 号楼大厅内，天花板和墙体粉刷一新，空间变得通透明亮，很多业主惊叹，实际效果大气高端文艺，远远超出预期设想。有些想换房的业主笑言，感觉又住上了新房子，不用急着搬迁了。

92 号楼成功改造后，激起其他楼道住户的浓厚兴趣。截至 2023 年 9 月底，风格城事二期已有 9 个楼道完成了众筹改造，3 个楼道正在改造中，还有一个楼道已经开始筹建。有的楼道改造后还新添画廊、书吧、共享花园、运动中心等文化阵地，让楼道充满美感和温度。

百年香樟树

在“老楼新生”的良好效应推动下，城兴社区部分公共设施“自治改造　共同缔造”项目遍地开花。社区居民群策群力，大家有钱出钱，有力出力。志愿者们纷纷参加拔草、清理杂物、维修喷水池、栽种花草等劳动。众人拾柴火焰高，社区环境不断改善。风格城事小区本来已经损毁的海盗船景观工程得以修复；百年香樟树周边打造出崭新的小景点，居民们自发搬来滑滑梯等大型儿童玩具，大树下成了绝佳的家庭型休憩场地。改造项目一个接着一个，城市花园小区的假山重建，尚雅府小区的北门景观改造等项目也都一一落地。

海盗船景观

随着一个个项目的成功改造，“自治改造　共同缔造”成为城兴社区治理的新风尚。社区因此远近闻名，附近小区居民纷纷前来参观，甚至连江北、海曙的业主也组团前来取经。

对于楼道改造，城兴社区党委充分遵循“共治、共商、共通、共建、共享”的“五

公共区域改建的共享花园

共”治理理念，深入推进楼道众筹自治改造。社区召集党员干部、居民代表、墙门组长、业主代表等，开展居民说事，广泛征求大家的意见、建议，共同制定楼道改造公约“三要三不要”，即：资金要众筹、设施要修复、环境要美化，不要改变原结构、不要改变用途、不要影响邻里和谐。加强社区“红领人才数据库”建设，选取一批有景观设计、工程管理、建筑施工等方面技能的党员和热心人士参与改造工作。具体实施时，年轻人主要负责设计、购买材料等，为了让多数住户满意，有的设计方案修改了 20 多次。老年人则侧重绿化养护、卫生打扫等日常维护，有的义务养护花草树木，有的捐赠花卉，甚至有居民捐赠了价格上万元的名贵花木。楼道改造看似是一桩小事，实际上折射的是社区治理的大事情，是以自治推动共治、以共治实现共享的成功案例。

未来，城兴社区将积极打造居家养老服务中心、城市书房、老年食堂、初创空间、儿童友好空间（照护驿站）、运动空间等共享载体。同时，不断激发社区内生力，成立创业基金会，打造双创孵化平台，形成创业扶持闭环，夯实共建共治共享的根基。

格兰春天社区

党建带动“红建” 共建幸福春天里

首南街道格兰春天社区以党建带动“红建”，以红十字建设作为贴近居民、服务居民的桥梁和纽带，以“红网格”创建工作为契机，联动“春天合伙人”共建资源，注重交流沟通，解决民生实事，让居民倍感温暖和幸福，走出了一条社区治理的新路子。近年来，社区获得全国红十字模范单位，全国综合减灾示范社区，浙江省红色根脉强基社区、省突出贡献红十字基层组织、省现代社区、省民主法治社区、省卫生先进单位等荣誉。

格兰春天社区成立于 2009 年 4 月，区域面积 0.81 平方千米，下辖格兰春天、风格南岸等 6

格兰春天小区一景

个小区，规划户数 4500 多户，现有常住人口 9000 多人。社区居民结构呈现年轻居民多、党员干部多、企业白领多的特点，居民普遍学历高、收入高。依靠人才优势，社区创建了健康工作室、春天护河队等志愿团队，共同建设有温度的家园。

格兰春天社区以红十字工作带动精细化管理及智慧化服务，把网格化管理融入社区治理，建立“红网格”，架起服务主脉络，组建“红管家”，提升服务延展性。党员就近认领一个楼道，带领楼道组长、志愿者共同组成“网格化志愿服务联盟”，组建由党员牵头的 186 名志愿者组成的“红管家”团队，负责本楼道的政策传播、民情搜集、志愿服务、矛盾调解等工作，筑牢“桥梁纽带”，实现网格化服务社区全覆盖。

在楼道设置公示牌、意见箱，公布“红管家”工作职责，运行“吹哨法”“三色法”“联动法”，做到“居民吹哨、管家报到”，汇总民生诉求，形成“民情民意库”，建立问题档案，用“三色”标注展示处理进度并跟踪问效。以“聚焦百姓百件事”作为社区发挥作用的载体，在网格内开展“百名党员结对、千名邻里互助”“认领微心愿”等帮扶活动，为居民解难事、办实事。通过网格化互动，涌现了不少优秀的骨干成员，比如王映波健康工作室创始人，利用自己的专业特长，成立“红十字救在身边”应急救援队，为社区居民义诊，提供健康咨询，同时也带动了一批医务工作者加入

“红十字会”创始人沈敦和塑像

社区基层治理和服务。

目前，社区红十字会已建立紧急避险点和备灾救灾物资库，为应急救援提供有力保障；成立“红十字救在身边”应急救援队，建立救护培训基地，配备救护培训模拟人，经常开展救护训练；在多个楼道挂有家庭急救包、装有10多种药物的急救箱，并附上家庭急救小知识等，让社区居民在各个环节感受到社区红十字会带来的贴心呵护。社区红十字会还排摸了辖区范围内存在的安全隐患，对可能受到的灾情进行详细的分析与评估，制定出符合社区实际情况的应急救援预案，定期组织居民开展高层火灾逃生演习、抗台急救演练、应急救援培训等。

格兰春天社区红十字会以社区多媒体教室为主要培训基地，以王映波健康工作室为依托，以首南街道社区卫生院为外部助力，每季度针对社区工作者、社区保安、社区志愿者、社区空巢老人、青少年等不同人群，开展有针对性的急救知识普及，提高辖区居民的应急救护能力，普及应急救护知识。在社区AED设置点开展应急演练、急救知识宣传。在居民日常活动区域设置红十字步道、红十字知识长廊，营造浓厚的红十字宣传氛围，随时了解掌握急救知识。在红十字服务站，开设各类主题活动，如每月一次健康问诊，线上线下相结合开展急救知识培训、健康讲座等。

社区红十字会工作人员和志愿者秉着“博爱助人”的理念，开展敬老助老、关爱弱势人群、公益募捐等活动，给予需要救助的对象物质资助和精神上的关怀，帮助他们度过困难期。成立红十字爱心微超市，困难人群可以凭借资助卡取得所需的物品，志愿服务人员也可以通过积分兑换物品，让物资承载着爱心流动起来。2018年，格兰春天社区博爱家园成立，博爱家园有会员200人，整合各类社会资源优势，组建“红风车”志愿联盟，形成红十字公益服务体系，涵盖红色善义、红色医疗、红色文化三大分支，开展各类志愿服务活动。

社区开展“迎亚运、讲文明、树新风”送清凉活动

通过网格排摸建立“需求库”与“供给库”，将居民群众需求与合伙人有效精准对接。2023年3月，格兰春天社区依托党建、联建平台，组建起“春天合伙人”队伍，用社区服务空间交换“合伙人”的服务资源，有效对接居民需求，实现资源共享。宁波市文联就是其中一家“合伙人”，专业

演员搭档社区的文艺骨干，共同演绎精彩的节目。春天邻里节作为社区居民的艺术盛宴，由“春天合伙人”共同完成，因为文艺演出，社区培养了一批文艺志愿者，组建了舞蹈队、太极队、戏曲队、声乐队等 8 个文艺团队。暑期假日课程由“春天合伙人”承接，开设个性化公益课程涵盖体育、书法、美术等教学内容，社区假期托管模式，减轻了双职工家庭育儿的负担，还培养了孩子们的兴趣爱好。目前为止，26 家“春天合伙人”已开展服务和活动 120 余场次，受众群体 4000 余人次。

未来，格兰春天社区将把网格化管理作为提升基层治理水平的“小切口”，进而形成以“党建引领 + 多方参与”的工作模式，继续探索“春天合伙人”共建模式，积极整合资源，完善纵横到边、全域覆盖的网格体系，构筑基层治理新格局。

社区宣传栏

戎家社区

以惇叙为圆心　建幸福共同体

作为有着历史文化底蕴的城市社区，近年来，东胜街道戎家社区不断厚植“惇叙”文化，从细微处入手，推行精细化服务，想方设法进行环境微改造，为居民解难题、办实事，提升居民的幸福感和获得感。

戎家社区成立于 2001 年 6 月，由万科・惇叙里、天官和庭、朝晖南区及其他 7 个零散小区组成，区域面积 0.38 平方千米，拥有居民 2742 户，总人口 4860 人。社区先后获得浙江省民主法治社区、省儿童之家、省城市体育先进社区，宁波市文明社区、市品质社区、市民主法治社区及宁波 100 家平安创建基层标杆单位等荣誉称号。

惇叙里小区一景

江东府小区

天官和庭小区

戎家是个历史悠久的文化古村，据史料记载，戎氏起源于夏朝，发祥于江陵（今湖北江陵），其先祖在汉初时，就因在异域立功被朝廷封为柳邱侯。宋政和年间，戎氏家族一门三子在朝为官，高宗南渡时，戎氏先祖随带家属自姑苏迁入鄞东。后其子孙于宋绍熙年间任吏部尚书（又名天官），因此就有了“天官第戎家”之称。戎家世代为官，治家有方，出过许多清风峻节、崇孝守信的子弟。历经800多年的聚居生息，戎家不仅人才辈出，还发展为前戎、中戎、后戎三个家族自然村，是名副其实的甬上望族。

宁波戎家宗祠惇叙堂始建于清康熙三十二年（1693），位于天官第戎家中戎村。清嘉庆四年（1799）御赐“惇叙”匾额，置于天官第戎家祠堂中，惇叙之礼便绵延于此。“惇叙”一词取虞书《皋陶谟》“惇叙九族”，被赋予古代礼法，其义为家人亲友惇厚和顺，相聚叙情。惇叙堂建筑面积约1000平方米，自康熙到民国年间多次损毁重建。1993年，旧村改造时祠堂被拆，但在祠堂原址建立了惇叙花厅，这是戎家社区“惇叙文化”的地标性建筑物，也是后人对“惇叙文化”的

戎家社区旧貌

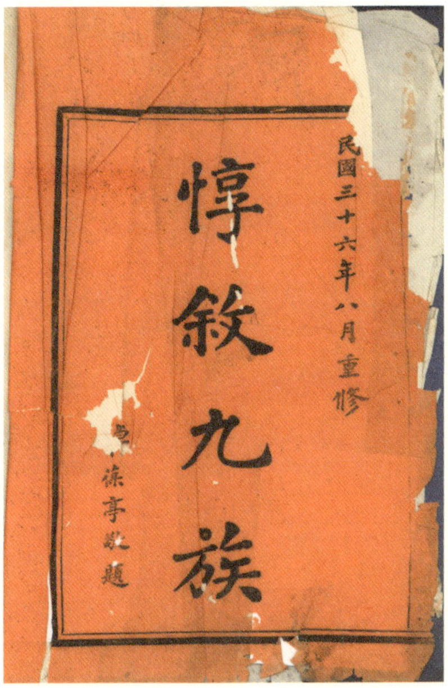

民國三十六年八月重修

惇敘九族

□涤亭敬題

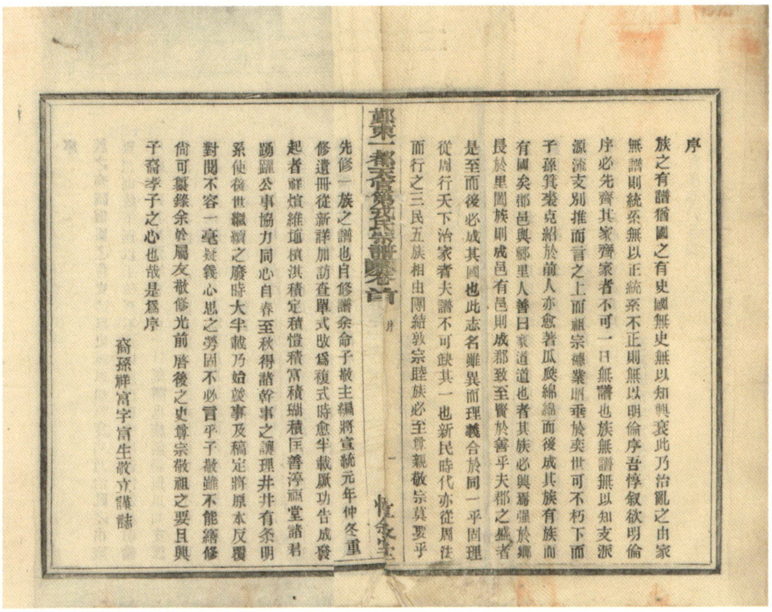

序

族之有譜猶國之有史國無史無以知興衰此乃治亂之由家無譜則統系無以正統系不正則無以明倫序吾惇敘欲明倫序必先齊其家齊家者不可一日無譜也族無譜無以知支派源流支別推而言之上而祖宗德業明垂於奕世可不朽下而子孫箕裘克紹於前人亦愈著瓜瓞綿綿而後成其族有族而有國矣郡邑與鄉里人善曰家道道也者其族必興焉强於鄉長於里閭族則成邑有邑則成郡致至實於齊乎夫郡之盛者是至而後必成其國也此志名雖異而理義合於同一乎固理從周行天下治家者夫譜不可缺其一也新民時代亦從周往而行之三民五族相由團結敦宗睦族必至尊親敬宗莫要乎

鄞東一都天官第戎氏宗譜卷首 序 一 惇敘堂

先修一族之譜也自修譜余命子徵主編將宣統元年仲冬重修遺冊從新詳加訪查單式改為複式時愈半載厥功告成發起者鮮熤維墉槙淇積定積愷積富積瑚積匡善淳福堂諸君踴躍公事協力同心自春至秋得諸幹事之讓理井井有條明系使後世繼續之廢時大半載乃始竣事及稿定將原本反覆對閱不容一毫疑義心思之勞固不必言乎子徵雖不能繼修倘可纂錄余於屬友徵修光前啓後之史尊宗敬祖之要且與子裔孝子之心也哉是為序

裔孫祥富字富生敬立讎誌

戎氏宗谱（部分）

尊重和纪念。

社区以“惇叙文化”为圆心，秉承“惇亲、叙邻、爱仁、尚礼”的传统，挖掘“惇叙文化”底蕴，着手打造“惇叙社区”。通过建立惇叙党群生活馆、惇叙展厅、惇叙时光里、“惇叙文化”长廊，成立“惇叙文化”团队，举办惇叙课堂，发放“戎情卡”等举措，让“惇叙文化”不断深化推进社区建设。

惇叙课堂秉承“送文化”“种文化”的公益理念，根据居民实际需求，探索开设形式多样的课程，为居民提供高品质的文化产品，搭建优质的文化教育交流平台。惇叙课堂邀请到心理咨询师，围绕尊重、语言、行为等不同的亲子主题推出读书会课程，现场为家长解读如何正确理解和回应孩子们的言行，指导家长转化习惯性思维方式与沟通模式，建立起和谐有爱的家庭关系。惇叙课堂针对性强，内容丰富，参加的家长很受启发。

惇叙花厅

社区积极挖潜，不断丰富文体活动。推行“戎情歌会”，宣传

《惇叙公约》照壁

清廉正气，大家从红歌中汲取智慧和力量，传递廉政文化；举办趣味运动会，投掷沙包、趣味套圈等比赛，让社区居民在欢呼声和喝彩声中，度过美好的时光。社区不断开辟活动场地完善体育活动设施，利用边角地，建设口袋体育公园，把健身步道、沿河跑道、城市绿色通道连在一起，将压腿机、杠铃等各类健身器械融入其中，打造多层次、多样化的健身圈，满足老人和儿童等不同群体的健身需求，实现社区“15 分钟健身圈”的全覆盖。创立“惇叙尚礼节”社区品牌，评选“最美惇叙人”“最棒邻礼”“最和家庭”“最爱夫妻”等家风典范，以弘扬美德营造睦邻氛围。

社区推出的“戎情卡”架起社区居民的连心桥，打造“15 分钟便民服务圈”，实现服务零距离，让大家生活得舒心、开心。小卡片上印有社区服务电话，居民可随时拨打热线咨询或者反映问题，社区会及时给予反馈并进行处理，确保各类纠纷第一时间化解。小小一张卡片还蕴含丰富的“戎情”福利，辖区内的生鲜店、理发店、超市等店铺组成“戎情商圈”，对持有“戎情卡”的居民提供相对应的优惠。目前，戎家社区发放了 1000 多张“戎情卡”，其中高龄老人、残疾人家庭、民政救助家庭、退役军人优抚对象等入户上门发放，将社区的服务理念宣传到户。“戎情卡”的推出有效节省了居民办事时间，进一步拓宽、畅通了居民办事渠道，提高社区为民办事效率，也在一定程度上带动了沿街店铺的销售。一张小小卡片发挥了巨大作用，在社区、居民和商户之间搭建起桥梁，盘活了资源。

2023 年以来，社区依托惇叙时光里阵地，先后创建了鄞州区共同富裕现代化基本单元“一老一小”服务场景 2 个，分别是“2+X”养老服务场景和托育服务场景；3A 居家养老服务站和鄞州区一星妇女儿童驿站。阵地内设有餐厅、厨房、活动室、健身区、休息室、阅读室、心理咨询室等功能区，为辖区内 60 周岁以上老年人，提供生活照料为基本服务，开展配送助餐、紧急救援、安全守护、法律维权、文化娱乐、精神支持等多种服务。暑期开设半日托，提供丰富多彩、形式多样的实践活动，包括自主学习管理、文化讲座、手工制作、艺术沙龙、体能锻炼等，有效地减轻了暑期育儿压力，提高了孩子们的暑期生活品质。

2023 年以来，戎家社区以未来社区创建为契机打造“幸福共同体”。未来，社区将重点建设一批服务空间、一个共富驿站、一个惇叙共富直播间，让居民在共富驿站内享受到家门口的创业就业服务，让居民美好的愿景转变成可感可及的幸福实景。

居民剪纸作品展示

后 记

2023年是习近平同志对档案工作作出“三个走向”重要论述20周年，也是省委“八八战略”实施20周年。为深刻展现20年来鄞州区大力推进乡村振兴、发展共富事业取得的丰硕成果，鄞州区档案馆和鄞州区共富办、鄞州区委党史研究室组织撰写《档案里的村社共富密码》，为高质量打造现代化滨海大都市首善之区、争当共同富裕和中国式现代化区域示范贡献力量。

本书以鄞州区部分共富、特色样板村社的文史、图片等各门类档案资料为主要支撑，从档案视角介绍各村社利用和发挥各自优势，在村社建设、文旅融合、产业发展、综合治理等方面进行的探索和实践，用数据、图片对比等方法呈现其今昔蝶变，总结其共富先行经验，为其他村社的发展提供启示和借鉴。

在编写过程中，我们实地走访了21个村、13个社区，采访了100多位村社负责人、村民、居民和新鄞州人，感谢全区各镇、街及部分村、社的大力支持，也对谢昭艳、牛也等老师的辛勤付出表示感谢！

由于时间和篇幅的限制，本书仅选录34个村社，未能展示鄞州区全部村社的面貌，以后我们将继续进行挖掘，通过多种途径展现更多的村社蝶变历程，讲好共富故事，记录好、利用好、保管好共富档案。

由于此书编撰时间紧，书稿内容涉及面广，难免会有遗漏或差错，敬请各位读者批评指正。

《档案里的村社共富密码》编委会

2024年4月

图书在版编目（CIP）数据

档案里的村社共富密码 / 宁波市鄞州区档案馆，宁波市鄞州区高质量发展建设共同富裕首善之区领导小组办公室，中共宁波市鄞州区委党史研究室编著. -- 杭州 : 西泠印社出版社，2024.3

ISBN 978-7-5508-4477-3

Ⅰ. ①档… Ⅱ. ①宁… ②宁… ③中… Ⅲ. ①农村－社会主义建设－成就－鄞州区 Ⅳ. ①F327.554

中国国家版本馆 CIP 数据核字（2024）第 069082 号

档案里的村社共富密码

宁波市鄞州区档案馆、宁波市鄞州区高质量发展建设共同富裕首善之区领导小组办公室、中共宁波市鄞州区委党史研究室 编著

责任编辑 叶 涵 刘建轩
特约编辑 谢裕波
责任校对 应俏婷
责任出版 冯斌强
装帧设计 金字斋
出版发行 西泠印社出版社
（杭州市西湖文化广场 32 号 5 楼 邮政编码 310014）
经 销 全国新华书店
印 刷 宁波白云印刷有限公司
开 本 889mm × 1194mm 1/16
字 数 180 千
印 张 10
印 数 0001—1600
书 号 ISBN 978-7-5508-4477-3
版 次 2024 年 3 月第 1 版 第 1 次印刷
定 价 138.00 元

西泠印社出版社发行部联系方式：（0571）87243079